The Dream in the Orchard

Le songe du verger

by Michel Galiana

1933 -1999

(Bilingual Edition – Edition bilingue)

Translated by **Christian Souchon**

The Borgo Press
An Imprint of Wildside Press

MMVII

Copyright ©1990, 2007 by Christian Souchon

First Edition

" *Poetry, where the poet, like the initiate of some occult brotherhood, is servant and slave, albeit voluntary, of a grade and of a ritual* "

" *La poésie où le poète, comme l'initié d'un ordre occulte, est le serviteur et l'esclave, même volontaire, d'un grade et d'un rituel* "

Fernando PESSOA

I THE DREAM IN THE ORCHARD

Dawn was reconciling cypresses and roses.
It was time for the gods to reinvent the day,
To settle chaotic quarrels about causes
And to clear through darkness a straight, returnless way.

It was as though, coming from times beyond ages,
A new paradise were rising before our eyes:
A more sober gleam was bathing each of the flowers.
A glorious light shone on lavender and pines.

Morning was coming forth with an escort of quiet
Radiance, of pale lilac blossoms, of flutes, of rest.
And quite mysteriously our soul was petrified,
And indistinct echoes would all our words reflect...

Nothing however stirred the deep heavenly peace.
No flights of ravens, those hovering croaking shadows,
Voyagers from Lethe and circling auspices
That point amidst sunshine to graves or to gallows.

Yet we knew that the night still was pregnant. The stars
Wove a sparkling vault which the dazzling sun outshines,
And their rays like thin veils were still floating afar.
The fear of those dead stars hid in this mellow shrine.

I LE SONGE DU VERGER

L'aube conciliait les cyprès et les roses.
C'était l'heure où les dieux réinventent le jour,
Apaisant aux chaos la querelle des causes
Pour ouvrir le chemin qui n'a pas de retour.

On eut dit, revenant par delà bien des âges,
Qu'un paradis nouveau revêtait nos regards.
Chaque fleur s'habillait d'une clarté plus sage.
Les pins s'illuminaient et rayonnaient les nards.

Le matin s'avançait, escorté de lumière
Calme, de lilas clairs, de flûtes, de repos -
Et sans savoir pourquoi notre âme était de pierre.
Nos mots obscurément éveillaient des échos...

Rien pourtant ne brisait la paix du ciel profonde.
Nuls vols, ombres qu'un cri révèle, de corbeaux,
Voyageurs des léthés et fatidiques rondes,
N'incrustaient le soleil de croix et de tombeaux.

Mais nous savions la nuit pesante, les étoiles
Tissant le dais luisant qu'obscurcit le soleil,
Et leurs rayons flottant, ténus comme des voiles,
La peur des astres morts couvait sous l'or du miel.

Here and there shadows hailed each other in the grass,
An invisible sea where bright irides sail,
Unaware of the fate of their confiding mass
Which abandon at dusk to the scythes their heads.

And near the wall which hems that ocean of silence,
Endlessly, stubbornly, crickets were spluttering.
Their moaning conjures up -and its peak announces-
The night, like a furrow to its ploughshare yielding.

Crickets, O shrouded stars that rove above our heads,
Did of this stainless day besmirch the splendid shine!
And we were proceeding, alone in the cortege,
I an image of sleep, you its sister alike.

Les ombres çà et là se hélaient sous les herbes,
Mer invisible où naviguaient les iris clairs,
Ignorant quel destin sommeille dans leurs gerbes
D'abandonner le soir leurs têtes sous les fers,

Et près du mur, ourlant la houle du silence,
Crépitaient, incessants, assidus, les grillons
Dont la plainte ensorcelle et la pointe devance
La nuit, à son tranchant s'ouvrant comme un sillon.

Grillons, astres voilés rôdant sur notre tête
De ce jour sans défaut ternissaient la splendeur
Et seuls nous avancions, étrangers à la fête,
Moi pareil au sommeil et toi comme sa soeur.

II THE PRINCE *

I am the fallen Prince of a haughty kingdom.
Deprived of my song, not of my memory,
Books read by candlelight that's how my days drag on
And I recall the dawn of my proud ancestry.

Where my shadow has passed I claim to have my gods.
All I performed in dream makes up my history
I shall not swap my void for your shimmering words,
Being flesh does not prevent your lapse of memory.

If I sometimes regret, on my lonely errands,
That I don't any more lead with cross and banners
From illusive Ilium to Thule glorious bands,

Absence and refusal are my sole blazoners,
I'm proud never to have yielded to conquerors
And my fame is spreading over thriving moorlands.

II LE PRINCE *

Je suis prince, déchu d'un royaume orgueilleux.
Exilé de mon chant, mais non de ma mémoire,
Je prolonge mes jours en clarté de grimoire
Et garde en souvenir l'aube de mes aîeux.

Où mon ombre passa, je tiens que sont mes dieux.
Mon seul rêve accompli compose mon histoire,
N'abdiquant mon néant pour vos reflets de moire,
Vous qui pour être chair pensez n'être oublieux.

SI le regret parfois m'obsède sur mes landes
De ne plus entraîner avec croix et pennon
D'illusoire Ilion en Thulé gloire et bandes,

En absence et refus je place mon renom,
Mon orgueil au vainqueur d'avoir fait le grand non-
Et ma légende règne où fleurissent les brandes.

III POTTER OF STARS

A clay of words buzzes under my shaping palm.
The oozing of the nights: that's why my mouth has cried.
But I shall into sounds capture the chiming time,
And shape for it a jail where shall be caught its flight.
Which form invents itself under my swinging hands?
Blindly I did but guide what wise matter demands.
The rise of the dull sun shall be my sole respite.

To the shores of my night blurred scrawls are swept slowly.
My wheel is a tempest where enamels burst forth.
But can fingers at last abolish memory?
The blaze where Phoenix stands must burn and char the words.
Spinning upon that void which I haunt and beget,
The cup of the instant rises along my cut-
An immanent balance prevails in these twin worlds.

III POTIER D' ETOILES

Une argile de mots à ma paume bourdonne.
Le suintement des nuits met dans ma bouche un cri.
Mais je saurai fixer en sons l'heure qui sonne,
Façonner le cachot où sa fuite s'inscrit.
Au ballant de la main, quelle forme s'invente?
Aveugle, j'ai guidé la matière savante.
Le don d'un astre mat sera mon seul répit.

Aux berges de ma nuit affleurent des grimoires.
Mon tour est la tempête où volent des émaux.
Mais les doigts sauront-ils abolir la mémoire?
Le feu d'où naît le paon doit consumer les mots.
Tournant sur ce néant que je hante et enfante,
La coupe de l'instant se lève au fil des fentes-
Equilibre, triomphe en ces mondes jumeaux.

**The prime of dawn spouts up out of slime and of peat.
In the deepest abyss, falling lights up with speed.
A genesis-like dawn has awoken my lid.**

La fleur d'aube jaillit de la tourbe et des glaires.
Aux profondeurs, la chute en vitesses s'éclaire.
Des éveils de genèse habitent ma paupière.

IV THE STOP IN THE MOUNTAINS

We have now left behind the path and the meadow.
The air, like an anvil, rings in our panting breath.
The horizon before our eyes spreads, flat and low,
Like a dream, mixing up shadow and sky and haze.

Remember how the soil was harsh under our steps!
No more swelling fir trees, no more sources running.
No, just some raw-boned herds of goats, with lowered necks
And eyes where was mirrored the new golden morning.

High up, irradiating silver and gleaming lights,
The peaks, dimly sparkled amidst the dreamy day,
Frozen Eldorados, stubborn Montségur heights,
And ceaseless haunting of a never ending way.

We have interrupted our ascent. Time remained
Like us in abeyance and it rang a long break.
Below, huge rocks we had run through with muffled strains.
We enjoyed this moment of short rest on our trek.

Next to us white torrents that were foaming so strong.
Higher up we would find many sources that roamed.
I inhaled deep their breath and listened to their song.
We knew that no deeper ocean may be fathomed.

IV LA HALTE DANS LA MONTAGNE

Nous avions dépassé les sentes et le foin.
L'air sous nos souffles courts sonnait comme l'enclume.
L'horizon à nos yeux s'étalait plat et loin
Comme un songe mêlé d'ombre, de ciel, de brume.

T'en souviens-tu? Le sol était âpre à nos pas.
Point de sapins houlants, point de source sonore.
Des troupeaux efflanqués de chèvres le col bas,
Dans les yeux un reflet du matin qui les dore.

Là-haut irradiant l'argent et les clartés,
Les pics étincelaient dans le jour et le rêve,
Eldorados glacés, Montségurs entêtés,
Hantise du chemin qui jamais ne s'achève.

Nous avons suspendu l'ascension. Le jour
Comme nous suspendu sonnait la grande trêve.
Aux pieds, des rocs massifs parcourus d'efforts sourds.
Nous savourions l'instant et la sagesse brève.

Près de nous écumait la neige des torrents.
Plus haut, nous trouverions des sources vagabondes.
Je humais leur passage et j'écoutais leurs chants.
Nous sûmes que les mers ne sont pas plus profondes.

And the thistles pointed their prickles and paleness.
We were only missing the gentians on the crest.
Winter is snowier, its winds more colourless,
But no peak is too high when soul feels at its best.

A lake, some eye alike, was radiant with night.
A bird was wheeling round but fled our mysteries,
So strange a messenger who greets us on his flight
Was carrying -who knows?- the call of far countries.

We talk: "The way we went was tough and merciless,
But we will be led up now to a stainless dawn.
We follow that eagle!" We fed on mad phrases:
From their nest on the peak of desires birds had flown.

"We have now gone past all the wooden cottages,
And the trusty troughs where they water the cattle.
Now here is the place where may resound our voices.
We shall see the dawns rise and hear the feasts rattle.

And we shall pick the flower whose perfume is the wind.
We shall track down daybreak on the mountain ranges
And see divine eras and radiant morning
That span their peacocks tails before our learned glances."

No matter what morrows or what mornings are like.
To stave off time to come, limited by no shore,
We will just have to bite a bitter bunch of thyme
And to inhale the sun, seated on a wild stone.

Les chardons étoilaient leurs pâleurs et leurs dents.
Nous ne jalousons que les gentianes des crêtes.
L'hiver poudroie plus vif, les vents soufflent plus blancs.
Mais nul pic n'est trop haut lorsque l'âme est parfaite.

Un lac comme un regard resplendissait de nuit.
Un oiseau tournoyait et fuyait nos mystères.
Etrange messager qui nous salues et fuis.
Nous portes-tu l'appel -leurre- des autres terres?

Nous parlions: "Le chemin fut rude et sans pitié,
Mais nous montons toujours vers un demain limpide.
Nous suivons l'aigle". O fous de mots rassasiés,
Le sommet des désirs renferme une aire vide.

"Nous avons dépassé les cottages de bois,
Les baquets rassurants pour abreuver le bêtes.
Nous voici maintenant où claironnent nos voix.
Nous verrons s'apprêter les aubes et les fêtes.

Nous cueillerons la fleur dont l'arôme est le vent.
Nous traquerons l'aurore aux confins des ravines
Et nous verrons rouer sous nos regards savants
Les demains éclatants et les ères divines."

Qu'importe les demains, qu'importent les matins.
Pour épuiser le temps qui n'a pas de rivage,
Il suffira de mordre un brin âcre de thym,
De humer le soleil sur la pierre sauvage.

The daylight abolished itself on purple mounts.
One by one they've risen and have set off again.
I have listened to the ice axes' fading sounds,
To vanishing voices, the last I would retain.

I saw how peaceful night was falling. Step by step
The pastures, the lights and the clamours have vanished.
Remember! -I resumed, tired, strong nevertheless,
The dream that poor wretches never have relinquished.

Le jour s'abolissait sur les monts violets.
Un à un, se levant, ils ont repris la route.
J'écoutais s'affaiblir le chant des piolets,
Disparaître leurs voix, les dernières sans doute.

Je vis tomber la nuit sereine. Sous mes pas,
Les alpages, les feux, les clameurs s'effacèrent
-T'en souviens-tu? - puis je repris, fort, bien que las,
Le songe que jamais n'abandonnent les hères...

V THE GATE

We were far from the port and we rowed in silence.
Distant cries still were heard escorted by perfumes
And echoes hoisted, like to the tip of a lance,
Sad memories of parks, of bells, of muffled tunes.

Vanquished, the turtledove had taken lonely flight
And the last albatross given its threefold shout
And fled with upright neck yonder where dies the light.
The shade of an eagle, alone, roved still about.

Only space now gathered our rhythmic exertion,
And escorted our flight with its hoarse tambourine.
And our hearts acknowledged a strange expectation.
We rowed between deaf skies and resounding ocean.

Now, violently lit by green water shimmer
Which into blank daylight drove glittering eddies,
Boasting of its portals, of its vaulted barrel,
A den, cave, tomb alike, the Gate engulfed us.

Its shade took us and put on our lips a cover.
All our oars together, were sunk and weighted down.
It was as if some ghost begotten by fever
Had garlanded our heads and turned them to numb stone.

V LA PORTE

Nous étions loin du port et ramions en silence.
Des cris nous parvenaient escortés de senteurs
Et les échos hissaient comme aux pointes de lances
Des regrets de jardins, des cloches, des rumeurs.

La colombe vaincue avait fui solitaire.
Le dernier albatros avait crié trois fois
Et, le col droit, filé où se meurt la lumière.
Seul un aigle berçait son ombre sur nos doigts.

Puis l'espace à présent recueillait nos cadences,
Escortait notre envol de son rauque tambour.
Nos coeurs reconnaissaient une étrange espérance.
Nous ramions entre un flot sonore et le ciel sourd.

Alors, s'illuminant de reflets glauques d'onde
Qui dans le jour massif enfonçaient des remous,
Flambant de ses portails, de sa voûte profonde,
Antre, gueule, tombeau, la porte fut sur nous.

Son ombre en nous prenant avait glacé nos lèvres.
Nos rames avaient chu qui sombrèrent d'un bloc.
On eut dit qu'un esprit issu de lourdes fièvres
Enguirlandait d'oubli nos têtes comme un roc.

Our drowsiness was bathed in night radiances.
Our disillusioned eyes had perceived a vision:
They saw a dark fire spread a fan of lances
Quartering our blindness with its scintillation.

It lasted but a while. On our eyelids poured down
- Our blinded eye had caused only one cry to surge -
Drop by drop, down our spine, the icy cold of stone
And the broken eddy with which we had to merge.

Did we recover from this painful enjoyment?
Of some music, banished from your rites and your laws,
We have now recognized the perfect achievement,
Passed a buried threshold that only kings may cross.

Shy, timid, by respect easily offended,
A mere bead of blood has robbed me of my childhood.
The gate was sailed across and the ban was challenged
By exhausted rowers whose value thus was proved.

It is so long ago that I have crossed this gate.
Seven times the vessel left again which takes me
And the only witness that it was no mistake
Is the scar on the palms of the cox I could be.

I listen in the port to the birds that recount
My childhood. Their chants rise from far beyond my dream.
But I don't understand the words, hushed up too long,
And, a blind man alike, I don't perceive their gleam.

La nuit et sa clarté baignaient nos somnolences.
Nos yeux désenchantés ouverts aux visions
Percevaient le feu noir rouant un poing de lances,
Ecartelant notre cécité de rayons.

Ce ne fut qu'un instant. Coula sur nos paupières,
- Et pour l'oeil aveuglé ne vibra qu'un seul cri -
Goutte à goutte sur nous perla le froid des pierres
Et le remous brisé dans sa poigne nous prit.

Avons-nous conjuré le supplice et la fête?
Musiques, exilés de vos rites, vos lois,
Nous avons reconnu la cadence parfaite,
Le seuil enseveli que seuls passent les rois.

Sauvage effarouchée et qu'un respect offense,
Une perle de sang m'a ravi mon enfance.
D'avoir franchi la grotte et bravé la défense
Les vogueurs épuisés connurent leur aloi.

Il y a si longtemps que j'ai franchi la porte
Que sept fois renaquit le vaisseau qui m'emporte
Et j'ai pour seul témoin que ce ne fut erreur
Le souvenir qui dort aux paumes du barreur.

J'écoute dans le port les oiseaux qui me content
Mon enfance. Leurs chants d'outre-rêve remontent
Mais je ne comprends plus les mots trop longtemps tus,
Aveugle à la lueur dont ils sont revêtus.

The words I make use of are some spells which I cast.
They weave a blinding screen made of acanthus leaves
So that now the voices over to me don't pass
When they don't overcome the cave and the eddies.

Les mots dont je me sers sont charmes que j'incante.
Ils tressent un rideau fait de feuilles d'acanthe
Et les voix désormais ne me parviennent plus
Qui n'ont vaincu la grotte et franchi le reflux.

Arco Azzuro, Bay of Palermo

VI THE LOOK-OUT

Some swans tearing dawn to pieces,
Footsteps of prowlers, hooting owls.
Muffled or resounding rattles
On my cage of the gale that howls.

This tower of mine is my true soul
To which the night commits voices,
Where voices become winged like fowl,
Where one feels far more than one sees.

I know of beasts haunting the grass,
As well as of the creeping foes,
Of the oak bearing on its mass
Nests of blackbirds and nests of crows.

I feel how my lofty cage shakes
Thumped by the fist of the tempest
Like one who repents and who beats
His pitiful and hollow chest.

Henceforth nothing more can bind me
But the steady cycle of stars
Dotted about the canopy
Round the zenith endless and far.

VI LE VEILLEUR

Cygnes déchiquetant l'aurore,
Pas des rôdeurs, cri des hiboux.
Martèlement sourd ou sonore.
Du vent sur ma cage les coups.

Ma tour est mon âme fidèle
Où la nuit délègue des voix,
Où les voix revêtent une aile,
Où je sens plus que je ne vois.

Je sais rôder la bête aux herbes,
L'ennemi ramper à son tour,
Le chêne épanouir en gerbes
Le nid du merle et du vautour.

Je sens branler ma cage haute
Et retentir au poing du vent
Comme un Juif qui rythme sa faute
Sur un sein creux et émouvant.

Mais désormais rien ne m'attache
Que la ronde immuablement
Etoilée au zénith qui tache
L'éternité du firmament.

The wolf may rove, the swan may bleed,
The standard at the gate may stream!
The given orders I shan't heed
Nor upset any peaceful dream.

My indifferent torch shall skim
With a beam I shall not alter
The tents in straight lines and good trim
As well as the distraught prowler.

Lycaeus, watch over thy vines,
Up to the fields that bound thy glance.
Haughty duty to me assigns
The winds and the dreams and the chants.

Craque le loup, saigne le cygne,
Qu'aux portes bosselle un drapeau!
Indifférent à la consigne
Je ne troublerai nul repos.

Et de ma lampe indifférente
Connaîtront un même regard
La parade stricte des tentes
Comme le maraudeur hagard.

Lycéus, surveille tes vignes,
Le regard borné par des champs.
Mon devoir orgueilleux m'assigne,
Les vents, les rêves et les chants.

VII THE HAWK

Hawk who shake, off your wings, comets and falling stars,
A brass plate now freezes your fits of wrath, a nail,
Red hearted bead ought to cast on the wolf a spell,
Confined in a showcase, your preyless pounce may start.

Which etching fluid did drench your claws in keen impulse?
Which rage towards rivals, was it the ring, the chain?
Which stainless blood does your wing to other blood strain?
Which feast has in your flesh flaring up revivals?

Since the hood is removed, in full light, you're blinded
By a blue sky that is, like the night, dark, endless.
You are lift up by fear, by hunger or by death
Which are of more divine essence than mock hatred.

Your soaring is besmirched by your feast's squirting blood.
Is your fate an image of my self-gnawing heart?

VII L' EPERVIER

Epervier, ébrouant étoiles et comètes,
Un blason figera tes colères, un clou,
Astre au poitrail rougi envoûtera le loup.
Sous vitrine brisés, tes vols sans vols s'émettent.

Quel acide nimbait tes crocs d'instincts jaloux?
Quelle rage vers tes rivaux, bague, non chaîne?
Quel sang inaltéré vers outre sang s'empenne?
Quel festin dans tes chairs qui se ranime et joue?

Le corselet ravi t'aveugle, clarté pleine,
L'azur qui semble nuit, nuit qui n'aura de fin.
Te soulèvent la peur, ou la mort, ou la faim,
Comme un bord plus divin que prétexte ta haine.

Le sang de ton festin constelle ton essor.
D'un coeur qui se rongea, figures-tu le sort?

VIII THE STONE OF WISDOM

More extensive estates continue my domain
They are governed by winds, ruled by spells that are mine.
But to venture thither would mean to give free rein...
For no one who went there ever came back again
Who has not for ever left bond and port behind.

On these fields, far beyond reason, arise voices.
They teach me my own law, they count for me my days.
I'm not Oedipus, none of the seven Sages.
And I shall not resolve the riddle of ages
If my loves do not sink in the river of death.

O stone, I've chosen you, as you don't float nor roam.
I don't mind if your peace disheartens passers-by.
You make good for your weight with angelical foam.
My paths hidden away in your mass merge to one.
You are tamed tornado, amethyst of the blood.

And your placidity captures storms and tempests,
Focuses their eddies and imprisons their cry.
Inner Nepal whose inmost point is the highest,
You know that leaving has in your grain its premise
You enclose peacefulness as does a fist the night.

VIII LA PIERRE DE RAISON

De plus amples alleux prolongent mes domaines
Où gouvernent mes vents, où régentent mes sorts,
Mais où s'aventurer serait perdre ses rênes
Car nul n'a repassé les chemins qui l'y mènent
Sans avoir renié la limite et le port.

Aux champs d'outre-raison se lèvent des langages.
Ils m'enseignent ma loi, ils me disent mes jours.
Oedipe je ne suis, ni aucun des sept sages.
Je ne déchiffrerai la sentence des âges
Que lorsqu'au fleuve mort sombreront mes amours.

O pierre, je t'élis, qui ne flottes et ne changes.
Qu'importe si ta paix rebute le passant
Tu compenses ton poids en écumes des anges.
Mes chemins enfouis dans ton bloc se mélangent,
Tornade muselée, améthyste du sang.

Ton immobilité recueille la tempête,
Concentre ses remous, emprisonne son bruit -
Népal intérieur dont le coeur est le faîte -
Et sachant qu'un départ en ta graine s'apprête
Tu renfermes la paix comme le poing la nuit.

IX THE PLEA OF DARKNESS

Your face, mirrored, shows you what my own face is like
But hides your secret pain, and what for in my night
I exude and secrete my chant and my venom.
On the quiet looking glass my mould hails, holds and shapes
The shadow that you had fancied to be your mate
And it proved the ghost right whom you called a demon.

When you'll set to decline a storm will be rising,
A last whirlwind will shake the uppermost roofing
Of the stronghold which you imagined to have built.
Crushed timber, ruined pillars will proclaim your decay.
As a harsh usurer, I'll insist on my claim.
No one may go to court who ignores law and bill.

I bought your eloquence from taciturnity,
Taught you the dawning day, the flowers, the dainty
Dance of the little girl in her garden who sprouts:
Which judge could then deny that you're to me in debt?
In night nuggets the weight of feasts must be repaid
And once judgment is passed, appeal must be shut out.

IX LE PLAIDOYER DE L' OMBRE

Tes visages mirés t'enseignent mon visage,
Mais non ton mal secret, mais non pour quel usage
Je distille en ma nuit mes chants et mes poisons.
Ma forme au tain qui dort hèle, fixe et façonne
Le reflet que tu crus ton compagnon et donne
Au fantôme que tu nommais larve, raison.

Lorsque sur ton déclin montera la tempête,
Un dernier tourbillon ébranlera le faîte
Du palais que pour toi tu crus bâtir. Les bois
Rompus, les piliers chus diront ta déchéance.
Tenace usurier, j'invoque ma créance.
Or, nul ne peut plaider s'il ignore les lois.

Pour avoir acheté ta parole au silence,
Pour t'avoir enseigné, l'aube, les fleurs, la danse
De la fille au jardin lorsque germe le sang,
Quel juge à mon égard pourra nier ta dette?
En pépites de nuits, je veux le poids des fêtes
Et que l'arrêt rendu, l'appel soit impuissant.

Over yonder, heralds shall proclaim the sentence.
Onto the trees bailiffs shall nail the penitence
And to escape from gibe and from your punishment,
Hunted by alien glee, rejected from all dance,
You shall take refuge in my preserve of silence
Where your days may be spent as a mere entombment.

Outre rive, un héraut clamera la sentence.
Aux arbres le recors clouera ta pénitence
Et pour n'ouïr ta peine et le rire qui ment,
Traqué par tout bonheur, chassé de toute danse,
Tu gagneras mon fief encerclé de silence
Pour que tes jours ne soient qu'un engloutissement.

X GARDENS*

X-1 HESPERIDES

This is not the abode of Autumn. Here the flowers
Capture into tight shrines the blowing winds, the scents.
A tempest arises and rages and dies there
Where shoots, soaked with wise saps have taken up their stands.

But do you know which weight on your soaring presses,
Which reflect a deeper one to which you're akin?
Shelter the night that sprouts gold shoots, hollow copses!
I shall know which word is contrary to my stem.

In smooth strife to dig forth the sparkling ruby stone,
While you know that one's numbered days boast of their scars!
Whirlwinds, throw off the flesh! Carnal attire, begone!
Abyss, cast off your scents! Skies, extinguish your stars!

X JARDINS*

X-1 HESPERIDES

Ce n'est pas le pays des automnes. Les fleurs
Figent en écrins stricts les parfums, les passages.
Une tempête bat et meurt où plantent leurs
Assises les surgeons nourris de sèves sages.

Mais savez-vous le poids qui double vos essors,
Reflets d'un plus profond dont vous vous dîtes frère?
Bosquets creux, hébergez la nuit qui germe en ors!
Je connaîtrai le mot à ma tige contraire.

Sous un lisse combat atteindre le rubis
Et savoir que nos jours bombent leurs écrouelles!
Tourbillons, rejetez la chair et ses habits.
Abîmes, vos parfums! Firmaments, vos rouelles!

X-2 SPRING MADRIGAL

In order that ages which haunted your nascence
Be allowed the loss of their yard's freshness to shun,
Your bosom has gathered from the rose the essence,
As did your lip the blood of dashing carnations.

Your hair was an ocean where many ships would wreck,
Your body a grotto that one call fills and grieves -
Lavish Boboli Hill, short-lasting firework,
For flesh is the soil where fleeting instants flourish!

While slowly to an end comes your declining chant,
I'll be able to foil all the vermin's attempts
And retain in my words what your April has been.

    From term or vacancy my garden is exempt.
    Busy ado shall there well preserve your essence
    And desire never be fruitless nor stained of sin.

X-2 MADRIGAL DE PRINTEMPS

Pour que l'éternité hantant votre printemps
   Garde de son jardin la candeur qui s'achève,
Votre sein de la rose a recueilli la sève,
Votre lèvre le sang des oeillets éclatants.

Flots furent vos cheveux aux naufrages latents,
Caverne votre corps que l'appel peuple et grève
Apothéose (Boboli somptueux) brève
Car la chair est l'humus où germent les instants.

Tandis qu'à son déclin votre chant s'achemine,
Je saurai déjouer l'appel de la vermine
Et fixer par des mots ce que fut votre avril.

      Mon jardin ne connaît de terme ni d'absence.
      Son rythme studieux gardera votre essence
      Et le désir jamais n'y sera vain, ni vil.

Boboli Garden, Palazzo Pitti, Florence

X-3 HERCULES IN THE GARDEN

On the night's fertile stubs to graft our barren vines!
Creature of the wind, forgetful of the flames,
I thought that those roses were some birds on the shrubs
For I had overlooked, Hesperides, your stems.

You're the mouth breathing air to panting Orestes
And you coat with blossoms the oozing saps you draw,
Weave the invisible as if it were willow.
Garden's double, protect my putrid other self!

I know with what danger Phaeton threatened: The blaze
Turned the meads which he left into a dusty maze
Desert spreads where he was by his folly engrossed.

Only he who saw his nocturnal twin, who crossed
The river whose wave from the clepsydra unties
May become a garden that sprouts and multiplies.

X-3 HERCULE AU JARDIN

Aux racines de nuit enter nos ceps arides!
Créatures du vent, oublieux du brasier,
Je croyais que la rose est l'oiseau du rosier
Car je ne voyais pas vos tiges, Hespérides!

Bouche trouvant le souffle ou halète l'Atride,
Vous qui vêtez de fleurs les sucs que vous puisez,
L'invisible tressant comme on tresse l'osier,
Jardin double, abritez mon compagnon putride!

Je connais le danger de l'Héliade. Sa
Flamme en poudre change le pré qu'il délaissa
Et le désert s'étale où régna sa folie.

Seul qui vit son jumeau nocturne, qui passa
Le fleuve dont le flot du clepsydre délie
Deviendra le jardin qui germe, multiplie.

X-4 GARDENS *

Gardens. An explosion that the sprouts start and urge.
Canopy full of glee, abyss full of perfumes
Where from hiding ember arise some strident fumes
So that with surging saps the captive air may merge.

Mirror of night, the grain, enslaved, expands its dream
Stubbornly, in patient and burning endeavour,
And this hushed up chaos, proclaimed by each flower,
Haunts the sleep of silent torches. Where is the gleam,

The flame that clothed me once, and where was the belief,
Once buried in a womb, that my way I would cleave
Through a dark, wound-like yard - where, bloodstained, the gates stay -

Towards deliverance made up as destiny?
If the seeds of my mind enclose your infancy,
They are not confined in the calyx - I hold sway.

X-4 JARDINS *

Jardins. Explosion que le germe ouvre et aile.
Allégresse aux sommets, parfums aux profondeurs
Où les feux ignorés allument des strideurs
Pour aux sucs convulsés que l'air captif se mêle.

Miroir de nuit. La graine esclave, la rebelle
Dilate son rêve - efforts, patience, ardeur -
Et ce chaos tu chantant par la voix des fleurs,
Songe têtu de flambeaux muets. Où gît-elle

La flamme qui me vêtit, où fut cet espoir,
En ventre de chair enfoui, fendre le noir
D'un jardin pareil à la plaie - ô porte saigne -

D'une délivrance au visage de destin?
Ma semence d'esprit renferme ton matin
Mais ne s'arrête pas au calice - Je règne.

XI HERMES*

XI-1 THE TRIUMPH OF HERMES

Here are star, wind and cave and stream, all in a line
But dance appears which is tarantella, madness.
There, where my dream begins, ceases the universe.
What folly has seized me on the brink of decline?

The sky engulfed the path on which had roamed the tramp.
Streets and farmsteads were left hanging on the same void.
I chose to be as merciless as the robbed gods
And of the Chosen ones to discard wreath and rank.

You were not able to bury in songs the lure.
Nor to drown the call for help of this forlorn ship,
In my flesh, like a field, with the seed of the hour.

Trials assigned to me I never strove to skip,
And wander in my night, on a long, obscure trip
In quest of a boundless, dilapidated moor.

XI HERMES*

XI-1 HERMES TRIOMPHANT

Voici l'astre, le vent, la grotte, le torrent...
Mais la danse surgie est pas, ronde, démence.
L'univers s'abolit où mon rêve commence.
Au seuil de mon déclin quel délire me prend?

Le ciel a dévoré le chemin de l'errant.
Dans un même néant gisent routes et manses.
Des dieux dépossédés je choisis l'inclémence
Et non pas des élus la couronne et le rang.

Vous n'avez sous le chant enseveli le leurre
Ni recouvert l'appel de ce vaisseau perdu.
Dans ma chair, comme un champ, la semence de l'heure.

Je n'ai pas déserté le destin qui m'est dû
Et chemine à ma nuit, obscur vagabond du
Pays qui n'a de borne et dont rien ne demeure.

XI-2 CALL ON HERMES *

There to merge where from cry begets itself silence!
 Alone, in this spinning whirlpool beyond knowledge!
Dizziness. Dark lightning was flashed by my challenge.
I saw the threshold spark which was hit by my lance.

Should the game of the survivor tempt my fury,
A cave on the shadow hillside be my abode!
Back from a long quest, I shall have no heir nor gold,
But a long weariness, but an endless folly.

My rejected book is spread about, torn and scorched,
Shall I give up this dream of mine, which is but vain,
With the fire of reason light up my Sibyl's cave?

Hermes, wake up in me your spirit, light your torch,
And once I've left my den behind, become my den,
And once I've left my grave, Hermes, become my grave!

XI-2 INVOCATION A HERMES *

S'enfoncer où du cri s'enfante le silence!
Seul, en ce tourbillon qui passe le savoir.
Vertige. Mes défis allumaient l'éclair noir.
J'ai vu briller le seuil qu'on heurte de la lance.

Au jeu du seul vivant, si ma hargne se lance,
La grotte à flanc de nuit m'assigne son manoir.
Ayant quêté longtemps, je n'aurai ors ni hoirs,
Que déraison sans fin, que longue somnolence.

Mon livre rejeté se disperse, lambeaux.
Saurai-je dissiper ce songe qui me berne
Et du feu de sagesse éclairer mon Averne?

Hermès, éveille en moi ton esprit, ton flambeau,
Pour, la caverne fuie, devenir ma caverne,
Le tombeau délaissé, devenir mon tombeau.

XI-3 FORGER *

Forger who ventures to start a career as thief,
Be not overcome by the demon who haunts you.
No fire would inhabit the mould you strive to hew,
Nor the artificial words entwined in your speech.

Accept the assistance of your guardian shadow,
Who commands a strange craft, whose help is perilous,
But whose eyes, shut, for you will fathom the darkness
And clear a secure path, the shortest one also.

A wraith - if privilege of a wraith is to know
Where life arises, and which way thither to go,
And the language ravished from the breath of the dead -

A wraith - if, wherever the flesh clings to some breath,
There must not be a shade, a lane or a chasm,
Or a handkerchief that over the stream is waved.

XI-3 FAUSSAIRE *

Faussaire qui du vol oses tenter le cours,
Ne laisse triompher le démon qui t'obsède.
Le feu n'habiterait la forme qui te cède
Ni, factices, les mots qui tressent ton discours.

De l'ombre qui te veille accepte le secours.
Etrange est son savoir, périlleuse son aide,
Mais qui les yeux fermés dans la nuit te précède
T'ouvre le sentier sûr, le chemin le plus court.

Fantôme - si connaître est d'un spectre domaine
Où se lève la vie, et la route qui mène,
Et la langue ravie à l'haleine des morts -

Fantôme - si la chair où s'attache du souffle
N'était plus sûrement spectre, passage, gouffre,
Ou mouchoir agité d'un bord vers l'autre bord.

XI-4 HERMETIC FOREST *

If ever you enter once into my wood,
O my guest, you'll find there no path and no source.
And under the coppice the hour, muffled, sounds.
The moan of a dead bird, constantly echoed,

Would haunt gleaming trunks, as gleam, under the shroud
Of your dreams, the waters where times still abide.
Be quiet. Why have you now an obsessive fright?
You seem to be buried - in waiting - and would

Not have breathed a word, if my mouth had kept quiet.
Your body turns into my ember, my night
In this forest whose name has remained unknown.

Sleep now. For my voice is a promise, a moon.
A flash of bright lightning. I'll wake you as soon
As dawn gleams. The watchman's time for me has come.

XI-4 FORET HERMETIQUE *

Lorsque tu pénètreras dans ma forêt,
Oh mon hôte, ni sentier, ni source. L'heure
Assourdie sous les forêts. Une plainte
D'oiseau mort dont l'écho toujours hanterait

Les troncs luisants, comme luisent, au secret
De tes rêves, les eaux où le temps demeure.
Silence. Car te voici hantise, crainte,
Ensevelissement - attente - et n'aurait

Ta bouche un souffle si n'eût parlé ma bouche,
Et tout ton corps devient ma braise, ma couche,
En cette forêt dont le nom est ailleurs.

Repose. Ma voix est promesse, lumière.
L'éclair luit. Je te dirai l'aube première,
La naissance. Voici le temps du veilleur.

XI-5 THE HELMSMAN *

Are you the light dancing ahead of the bowsprit?
The reef you're heading for, which will be your respite?
Yet I am the helmsman and I steer and I freight
Down in my holds your weight of darkness and of silt.

An obscure companion whom nobody would fool,
My voice never lowers even amidst your dreams.
Since you cannot forecast where your own star appears,
How shall you recognize the god whom you extol?

Become the night. Become oblivion. Be silent.
My voice never has ceased since you were an infant.
It's your Ariadne's clue, the toll for your passage,

The bridge across the swirls and rapids of old age.
When the destination and the hour you attain,
Off you throw your shadow!

        My song, still, shall remain.

XI-5 LE NAUTONIER *

Es-tu le feu qui danse devant la proue?
Le récif qui sera ton but et ta trêve?
Moi, je suis nautonier qui guide et grève,
A fond de cale, ton poids de nuit, de boue.

Compagnon obscur et dont nul ne se joue
Ma voix ne se tait pas au coeur de ton rêve.
Toi qui ne sais pas où ton étoile se lève,
Comment connaîtrais-tu le dieu que tu loues?

Deviens la nuit. Deviens oubli. Fais silence.
Ma voix n'a pas cessé depuis ton enfance.
Elle est ton fil, l'obole pour ton passage,

Le pont lancé sur les rapides de l'âge.
Et lorsque tu auras atteint le point et l'heure,
Jette au courant ton ombre.

Mon chant demeure

XII UNDER THE SIGN OF THE SPIDER

Spider. A recondite pursuit. A spot. A pit.
All my horizon which by my hunt has been tied
Is made up of waiting, vibration and of hide.
But is echo this craft where has risen and lit
Up a dawn, that is song or void, and the farthest
Point where are abolished border, centre, summit,
A trap where I can catch the whole world and myself?
Or else is it the night which slumbers in my fist?

Spider who has woven and thought out my fate.
Akin to the abyss in which flies round my mind,
Cry turned into the keep wherein I am confined.
I shall get back without cunning, dispassionate,
To my safe centre where my calm storm lies in wait.

XII SOUS LE SIGNE DE L'ARAIGNEE

Aragne. Cheminement obscur. Puits. Point.
Tout mon horizon que ma chasse écartèle
Est attente, vibration -guet- mais est-elle
Echo cette science où se lève et point
Une aube, musique ou néant, atteinte extrême
Où s'abolissent confins, centre, cime,
Piège où je prends l'univers et moi-même?
Ou cette nuit qui dort au creux de mon poing?

Aragne qui me tisse et me pense,
Soeur du gouffre où tourne mon être, cri
Devenu tour où ma limite s'inscrit,
Je rejoins par delà calcul et transe
Mon centre sûr, mon orage de silence.

XIII A PERILOUS REALM

Waste wood, waste land, moors, adventures
Or last, returnless departures
When our old rites and our reasons
Are supplanted by orisons!

Once the vanished sun and the horn
Into their night fold were cast down,
Dragons have engraved on the dark
Heavens some deceptive landmarks.

And lightning lit up the progress
Of an unusual lavishness.
For wind and rain and thunderbolt
Rang like the voice of some herald.

Though in the middle of the night,
The feast was bathed in a soft light
That rose, like some nocturnal beams,
From the stones, the waters, the meads.

In woods that knew no escapist,
I rode alone through the coppice,
But found no breach nor door to go
Through but those of my night grotto.

XIII ROYAUME PERILLEUX

Gaste forêt. Landes. Voyages
Ou suprêmes appareillages
Quand les rites et les raisons
S'abolissent en oraisons!

L'étoile éclipsée et la corne
Abattue, où la nuit les borne,
Les dragons gravèrent les cieux
De repères fallacieux.

La foudre éclaira la naissance
D'une étrange magnificence
Car le vent, la pluie et les voix
Claquaient à perte de pavois.

Et bien que fut la nuit parfaite,
Une clarté baignait la fête
Qui montait, nocturnes faisceaux,
Des prés des herbes et des eaux.

Forêt qui ne sait de Latude,
J'ai chevauché ma solitude
N'ayant trouvé brèche ni huis
Que les cavernes de mes nuits.

Robbed of the use of my free will
I knew that my face, like a veil,
Hid the face of the guest who could
Once, alone dispose of my shroud.

Of the sentences I utter
I'm the speaker, not the father,
And my craft thrives as a fake
On this incredible mistake.

Let collapse my broad thoroughfare!
I'm arriving where souls are bare
And I've broken down the high wall
On which a stubborn brain would fall.

Music has taken the domain.
Cheer up, horseman, bring back again
From overdreams, herb or poison,
The Fleece, the Fleece, my obsession!

Dépossédé de mon usage,
J'ai su que celait mon visage
La face de l'hôte qui seul
Est le maître de mon linceul.

Les sentences que je profère,
Je suis leur bouche, non leur père,
Et ma science est l'élément
De ce solécisme dément.

Que s'effondrent mes avenues!
J'atteins le lieu des âmes nues
Et j'ai la muraille abattu
Où butte le cerveau têtu.

La musique a pris le domaine.
Poursuis, chevaucheur, et ramène
D'outre rêve, simple ou poison,
L'obsession de la Toison.

XIV ARGONAUT *

Remember you the earth where the ferment got ripe?
Music reigned there when first gushed forth your history,
But now only echo lives there, called memory
And this ocean -your night- which rolls you in its lies.
If you know of the paths cracked by vertigo
If your gouged out eyes see as they did long ago,
If you become the bridge, the step, the wing, the bell,
Then you may reinvent the ancient magic spell.

Argonaut of the times, abyss which neither fierce
Winds nor visions have pierced, whose only boundless bounds
Are the urge to conquer the Philtre and the Fleece,
Speed towards your desire, your creed, your myth, your dawn
On shores beyond reason, run then your dream aground.

XIV ARGONAUTE *

Reconnais-tu la terre où mûrit le ferment?
La musique y régnait quand jaillit ton histoire,
Mais seul y vit l'écho que tu nommes mémoire
Et cette mer -ta nuit- qui te roule, te ment.
Si tu sais les chemins que le vertige fêle,
Si ton regard crevé retrouve sa prunelle,
Si tu deviens le pont, le pas, le rythme, l'aile,
Tu réinventeras l'ancien enchantement.

Argonaute du temps, abîme que ne mitent
Ni vents, ni visions, mais que seul illimite
Le désir de trouver le Philtre et la Toison,
Cingle vers ton désir, ton aurore, ton mythe,
Pour échouer ton rêve au port d'outre raison.

XV RISING WIND *

Violent winds arose -lethal gale, fearful scream-
From my outermost shores, my furthermost border.
They whirled around and I have become storm and dream
Of a stormless stillness, of peace and of harbour.
Am I this beating gale or the mouth blowing it?
Or am I the secret landscape that the wind hits,
A country full of songs, cries, laughter and rattle
Of pilgrims gone astray searching whence and wither?

When the arrow takes up again with the target,
When the ruler forces on the realm gold and mint
I shall go and see shore and swell and soaring wind
And know that time's essence by then is incarnate
Within a body whose absence is the inmate.

XV LE VENT QUI SE LEVE *

Des vents se sont levés -vents de peurs, vents de mort-
Aux confins de mes chairs, des lointains de mes grèves.
Ils ont tourbillonné. Je fus tempête et rêve
D'une paix sans tempête, de calme, de port.
Suis-je ce vent qui bat, la bouche qui l'exhale
Ou le pays secret flagellé de rafales,
Peuplé des chants, des cris, des rires et des râles
De pèlerins cherchant leurs sources et leur nord?

Quand la flèche et le point referont connaissance,
Quand le prince au royaume imposera son or,
Je connaîtrai la rive et la houle et l'essor
Et saurai que le temps incarne son essence
Aux limites d'un corps où débute l'absence.

XVI ABSENCE *

Stranger!
      At the borders from where begins absence,
No song nor cry. The pond when a faint voice vibrates,
A woodcutter shouting from amidst the forest,
The rattle of a fall surrounded with silence.
You're lost. Your mates are mere footsteps in the coppice.
The memories on which you lingered for so long
Have blocked the prince's path to his woods and his pond
And to the castle where long, empty days commence.

Hark. Dizziness into which you never ventured,
In your blood a whirling tangle of withered stars.
Beyond your rest a gate is standing high and far,
But the one who could have past the wall ever gone,
Secret brother of mine, remains to me unknown.

XVI ABSENCE *

Etranger.
      Aux confins où débute l'absence,
Ni chant, ni cri. L'étang lorsque tremblent des voix,
Et un appel de bûcheron au coeur des bois,
Un fracas de chute environné de silence.
Perdu. Les compagnons sont des pas sous les fourrés.
Les souvenirs où tu as longtemps erré
Ferment au prince le chemin de ses forêts,
Du château où la longue absence commence.

Guette. Un vertige où tu ne t'aventures pas,
Un tournoiement dans ton sang d'étoiles mortes.
Par delà ton repos se dressent les portes,
Mais celui qui franchira la muraille,
Mon frère secret, je ne le connais pas.

XVII THE WEAVER OF FATE *

Neither call nor silence nor sleep have a threshold
Whereon your walk ceases and becomes flight or fall.
The song of a child is so faint and seems to rise
From the source of your pride.
Path is shine, not passage.
And if ever you drink from the Fountain of Age,
A voice shall sing to you your song, secret and low,
But its mouth shall be one of night and of sorrow.

As a steady weaver, I fetter, thread by thread,
The vibrating star which the watcher will desert.
Legend on the alert,
Do I serve gloomy grudge?
I'll expose to the view of the summoning judge
The frayed void in witness of my triumphant work.

XVII LA TISSEUSE DE DESTIN *

L'appel, le silence où le sommeil n'ont de seuil
Et tu ne trouveras où cesse le pas
Ni vol, ni chute. Le chant d'un enfant si bas,
Qu'il semble sourdre de la source de ton orgueil.
Les sentiers sont des lueurs, non des passages.
Si tu bois à la fontaine de l'âge,
Une voix te dira ta chanson secrète,
Mais la bouche sera de nuit, de deuil.

Tisseuse têtue - et fil à fil s'immobilise
L'astre qui vibre et que déserte le guetteur.
Suis-je légende tapie ou plainte grise?
Je montrerai quand m'assignera le juge
Ce vide frangé où triomphe mon labeur.

XVIII THE MIGRANT BIRD *

You hear no voice, no wind, not even the light.
You have reached the limit where hum becomes quiet.
Your wings overhang void while is vanishing
The trace of the well-known streams and homelike springs.
Rimless land. Bridges made of threads and terror.
Your words dry. Your paths are caving in. Ardour
That subsides: and above the void filling you
A light rises -incorruptible and new.

When a sound sleep will point out true watchfulness,
And when cry will result from outwardly silence,
On these borders where you're first sure to be away,
Where no falconer dares to launch his bird of prey,
You'll have to face the purebred bird of your madness.

XVIII L' OISEAU MIGRATEUR

Ni voix, ni vent. Tu n'entends plus la lumière.
Déjà le point où s'achève la rumeur.
Sous tes ailes le vide. Voici que meurt
La présence de ta source coutumière.
Pays sans bord. Les ponts sont fils et terreurs.
Tes mots sèchent. Tes chemins croulent. Fureurs
Qui se figent. Sur le vide qui t'emplit
La clarté -l'incorruptible, la première.

Quand le sommeil révèlera le veilleur,
Quand le cri sera silence né ailleurs,
Sur ces confins où ton absence commence,
Où nul fauconnier n'aventure son pilleur,
Tu affronteras l'oiseau pur de ta démence.

XIX THE ISLE

From our two closed mouths a new island would surge.
No vessel, no time would ever know of its ports,
The ocean of our flesh would dash against its shores -
An island that would be in innocence immerged,
Far beyond our kisses, far beyond our glance and
Where our distraught desire only could ever land,
Keen on teaching our nights which fire flares, which will merge,
Which song, a blaze alike, consumes two bare bodies,
So that on its own paths and with impunity
They may reach the peaceful, luminous ecstasy -
An island that from our two closed mouths would surge.

The gods who wrought the nights would hate our harmony.
Dilapidated shrines have proclaimed their decay.
Our stars illuminate heavens which longer stay.
Neither deftly scanned hymns, nor priests, nor pageantry
May erect for Amor so divine an abode,
As do sway of muscles, mysterious strength bestowed,
A burning blindness more lucid than are our eyes,
The greedy hand which grasps the other's hand, blindly
The cry - then on the berth, inert, vast and empty,
A silence unknown to the gods, the gods so wise.

XIX L' ILE

Une île germerait de nos deux bouches closes
Dont ni barque ni temps ne connaîtrait les ports.
Où battrait cette mer qu'on appelle nos corps -
Une île où règnerait l'innocence des roses,
Par delà le baiser, par delà le regard,
Où seul aborderait notre désir, hagard
D'enseigner à nos nuits quel feu germe et repose,
Quel chant intensément consume deux corps nus
Pour qu'ils, impunément, par des chemins connus,
Atteignent, lumineux, les extases, les pauses -
L'île qui germerait de nos deux bouches closes.

Les dieux forgeurs des nuits envieraient notre accord.
Leurs temples effondrés attestent leurs désastres.
Plus solide est ce ciel qu'illumine nos astres.
Ni cantiques rythmés, ni prêtres, ni décors
N'élèvent à l'amour un divin sanctuaire,
Mais seul l'ébranlement des muscles, le mystère,
L'ardente cécité qui remplace les yeux,
La main aveuglément qu'étreint la main avide,
Le cri -puis sur la plage, inerte, vaste, vide,
Un silence ignoré des dieux, même des dieux.

The gods, the gods so wise, should they have existed,
Would have but clothed our bed with ignorance and night,
Removed challenging fire from our stillness, kept quiet
Lest they should have scared the wandering ecstasy.
We shall be able to invent a dashing world,
The dance of the bright stars whose conduct is twofold,
Fate and precise instant when one must wait or stand,
The secrete Paradise and Hell as fair as gold,
And though our Eden be envied by all those gods,
They wouldn't have dared to upset our deep quietude,
Those gods, those gods so wise, should they have existed.

Les dieux mêmes, les dieux, s'il en était au monde,
Couvriraient notre lit d'ignorance et de nuit,
Sans feu pour ne tenter notre calme, sans bruit
Pour n'effaroucher pas l'extase vagabonde.
Nous saurons inventer les mondes lumineux,
Les danses d'astres clairs qui se mènent à deux,
Le destin, l'instant sûr qui veille, meut et fonde,
Le paradis secret, l'enfer délicieux,
Et, bien que notre Eden soit jalousé des dieux,
Il n'oseraient hanter notre paix trop profonde,
Les dieux mêmes, les dieux, s'il en était au monde.

XX THE SEEMINGLY DEAD GIRL

XX-1 FROM THE FEAST OF KISSES *

From the feast of kisses, go 'way, 'way shadow guest.

Since on our night a voice sometimes swells and then fades,
To drown it we'll invent a still louder silence
So that the vintager who's in charge of the graves
In the mud of our days may find no repentance.

We shall have slept enough, from caresses exiles,
After the same silence has extinguished our cries.
And long shall be the night, hard the stone. On your wise
Side, allow your lover to forget that he dies.

On your bent lips whither attracts me your desire,
I'll exorcise chasms that are lying in wait.
Be the calm torturer, be the placid vampire,
The rack on which bodies are stretched out and are bent.

On your brow that your hair like sargasso covers,
On your panting bosom that sobs swell and retain,
Let me the sailor be whom adventure elates,
Whose ship still more furrows his desire than the main.

XX LA FAUSSE MORTE

XX-1 DU FESTIN DES BAISERS *

Du festin des baisers, loin, loin, convive d'ombre.

Puisque sur notre nuit une voix monte et tombe,
Nous saurons inventer un silence plus fort
Pour que le vendangeur qui contrôle les tombes
Au tartre de nos jours ne trouve de remords.

Nous dormirons assez, exilés de caresses,
Lorsqu'un même silence éteindra nos clameurs.
Longue sera la nuit, dure la pierre. Laisse
Contre ton flanc savant oublier que je meurs.

Sur ta bouche ployante où ton désir m'aspire,
Je veux désenchanter le gouffre qui m'attend.
Sois le bourreau serein, sois le calme vampire,
Le chevalet public où le corps plie et tend.

Sargasses, sur ton front voilé de chevelures,
Sur ta gorge que gonfle et modèle un sanglot,
Que je sois le vogueur qui grisé d'aventures
Laboure son désir encor plus que les flots.

(O ship, slowly you roam and your holds are but traps
Where the rowers' chantey, the swing of the hammocks,
The relieving slumber, the beat in which I'm rapt
Intensify the roll, disregarding my masts).

But peacefully lying, side by side, now dreamless,
We'll sail along the night, without fray, aimlessly,
Happy to have stolen from the god who haunts us
And gnaws at us, a while, mysterious robbery.

We'll sail along the night, O my sweet accomplice,
Like two swans whose entangled voices are merging,
Who twist their necks into appropriate curves
That have the appearance of the woods and the springs.

Behold the pallid dawn gleaming through the window!
Every breath of the wind shifts us toward the berth.
Bells are drowning our feast in their muffled billow.
Presently a new day. Presently a new death!

Let your fear be quietened, your torturers dismissed.
Even almighty gods yield to wide opened eyes.
The night which over us flows like limpid liquid
With a leaden wave will enclose our universe.

(Navire, lent rôdeur, tes cales sont des pièges
Où le chant des rameurs, la houle des hamacs,
Ce rythme qui me prend, ce somme qui m'allège,
Agencent un roulis dédaigneux de mes mâts)

Paisibles, côte à côte et détachés des songes,
Nous descendrons la nuit sans luttes, sans dessein,
Contents d'avoir au dieu qui nous peuple et nous ronge
Ravi quelques instants, mystérieux larcin.

Nous descendrons la nuit, ô ma douce complice,
Comme deux cygnes dont s'enchevêtrent les voix
Et qui tordent leurs cols en volutes propices
Pour la forme imiter des sources et des bois.

Vois un matin nouveau blêmir à la fenêtre.
Chaque souffle du vent nous rapproche du port.
Les cloches sourdement enfouissent nos fêtes.
Bientôt un autre jour! Bientôt une autre mort!

Apaise tes terreurs. Révoque tes supplices.
La puissance des dieux cesse au regards ouverts
Et la nuit qui sur nous coule, limpide et lisse,
D'une lame de plomb clora notre univers.

XX-2 SIDE BY SIDE *

Side by side, O vessels, along my banks you sail,
Ignoring the helmsman, the shipload and the freight,
In vain you long for the jetty from where you hail
Folly is the star's name which leads you in the height.

A messenger gouging the rampart of your eyes
Tells you of the body wherein pleasure is locked.
His chatter is buzzing while his songs and his lights
Upset your quiet senses that loudly run amuck.

Astronomers to their laws would subject the stars.
But could night ever be held by shackles of beams?
Upon the world arose a sudden disaster.
The dense entanglement of my stars on it gleams.

With all my haunting fires a breath set you aglow.
A song come from afar has burnt and taken you
The tautening string will snap like on a bending bow,
And the constellations will, free, prevail anew.

Carcass that rolls along on my side, did you say,
May the star, which lit you continuously, go dark!
May the wave to your new port take you back away!
No voice in my eternal peace shall ever bark."

XX-2 COTE A COTE *

Côte à côte vaisseaux qui descendez mes berges,
Ignorant le nocher, le fret, la cargaison,
Vous demandez en vain la jetée et l'auberge.
L'étoile devant vous s'appelle déraison.

Un messager crevant le rempart des paupières
Vous raconte le corps où tout plaisir est clos.
Sa parole bourdonne et ses chants, ses lumières,
Rumeurs, strideurs, éclats percent votre repos.

L'astronome à ses lois veut assigner les astres.
Mais quel frein de rayons musellerait la nuit?
Voici que sur le monde a surgi le désastre
Et l'enchevêtrement de mes étoiles luit.

Un souffle, et tous vos feux connaissent ma hantise.
Un chant de loin venu vous embrase, vous prend,
Ploie ainsi qu'un archet la corde qui se brise -
Et règnent de nouveau les constellations.

Cadavre, disais-tu, à ton côté qui roule,
Que se ferme sur toi l'astre qui te hantait!
Qu'à ton havre nouveau te remporte la houle!
Nulle voix désormais ne brisera ma paix.

Dead people, don't taunt a dead girl with emptiness.
The same night unites us who shared the same splendour.
And since into your graves I have had free ingress
Your desires shall become truer than your ardour.

I shall be your obscure and wailing companion
Of whom you'll know nothing except a featureless,
Wrathless shape. I'll suspend the gaping affection.
I am no passer-by nor intrusive hostess!

Far beyond your desires, hark, my accomplice calls.
She muffles your footsteps and she coarsens your voice.
And a double power plots to bring you to fall,
You who denied the songs, you who defied the laws.

We are burying with our palms these dreams of yours.
Our weariness now tells on your violent starts.
Our drowsiness plunges into darkness your shores,
Your dangling arms, your shattered legs, your broken hearts.

Morts, ne vous raillez pas du vide d'une morte.
Une même nuit suit une même splendeur.
Puisque de vos tombeaux j'ai soulevé la porte
Vos désirs deviendront plus vrais que vos ardeurs.

Compagne obscurément qui gémis et vous hantes,
Vous ne saurez de moi qu'une forme sans front,
Sans fureurs. Je suspends la tendresse béante.
Passante? Non. Hôtesse. Hôtesse? Intruse? Non.

Par delà vos désirs ma complice m'appelle.
Elle assourdit vos pas, elle assombrit vos voix.
Une double puissance à vos déclins s'attelle,
Toi qui niais les chants, toi qui bravais les lois.

Nous ensevelissons sous vos paumes vos rêves.
Notre assoupissement gagne votre vigueur
Et de votre sommeil enténébrons vos grèves,
Vos bras battants, vos pieds brisés, brisés, vos coeurs.

XX-3 AND SINCE A DOUBLE NIGHT *

And since a double night is consuming your brow,
Since Heaven against your years has set ageless flow,
Foams of desires floating above our blood like dews,
Our bodies shall mimic the recumbent statues
And our slumbers their proper pose.

A still more profound death inhabits our kisses.
Death is an end, indeed, whereas kisses are snares.
No hero ever mourned his unfulfilled wishes.
Dido to Aeneas in vain calls and implores.
Wind drunk, his vessel vanishes.

It's the same scent that floats about your grave, your bed.
The candles are like sighs heaved in their gleaming lights.
And our love shall fill in the serge
Sheets that our sweat bathes and bites
As the ghost shall fill in the bed where the flesh dies.

XX-3 PUISQU'UNE DOUBLE NUIT *

Puisqu' une double nuit consume ton visage,
Puisqu'un ciel à tes ans oppose un flot sans âge,
Ecumes des désirs échoués dans nos sangs,
Nos corps simuleront la splendeur des gisants
Et nos sommeils leurs poses sages.

Une mort plus profonde habite les baisers.
La mort est une fin, le baiser est un leurre.
Nul héros ne gémit sur ses instants brisés,
Mais Didon vers Enée en vain appelle et pleure.
Les vaisseaux sont de vent grisés.

Ton lit a le parfum de ta tombe. Les cierges
Sont comme ces soupirs qui jettent leurs lueurs
Et notre amour emplit les serges
Et les draps rongés de sueurs
Comme la larve emplit le lit où le corps meurt.

XXI THE FUNERAL OF LOVE

Oblivion's trumpets fill the stronghold with dismay.
Kindle no fire more! Dismiss the fight array!
With a soothing song let myth and tale be silent!
Behold how to an end comes our long history!
Whose vessel sped to us from shores of memory?
Which cortege on our isles marches, bright and brilliant?

Haunting voices persist in prolonging silence.
Shadow does not resign when renounces the dance.
The abandoned couples are roving in the night.
They're intoxicated by a mere dream of love.
The threatening sap is not heard by the King above,
Who knows not that to spleen turn his regrets nor why.

For ten years kings have been barricading the gates.
Sturdy citadels were erected to great heights.
Bugles have drowned the voice that droned out the song.
Yet nothing shall survive but Paris and Helen.
Troy did fall, undermined by an epic poem
So that the tale hidden in it sparkle for long.

For love let us prepare a worthy interment!
But if the wheat grew high, the sowing be silent!
In the outermost fields of my soul be its tomb-
And of the dream we had the slightest trace must go!
For love is a mirror with deceptive shadow.
The mirrored skeleton is a golden Gorgon.

XXI LES FUNERAILLES DE L' AMOUR

Les cornettes d'oubli sonnent sur les murailles.
N'allumez plus les feux! Dispersez les batailles!
Apaisez sous le chant la légende et le dit!
Voici venir la fin de notre longue histoire
Quelle barque a cinglé des rives de mémoire?
Quelle procession aux îles resplendit?

Obsédantes, des voix prolongent des silences.
L'ombre n'abdique pas quand renonce la danse.
Les couples dédaignés errent au fil des nuits.
Ils mènent leurs amours et s'enivrent en rêve.
Le maître ne connaît la mine qui le grève
Ni pourquoi ses regrets s'enténèbrent d'ennuis.

Dix ans durant, les rois muselèrent les portes.
Ils élevèrent haut des citadelles fortes,
Les clairons ont clamé pour étouffer le lai.
Mais rien ne durera, hors Pâris et Hélène.
Troie est tombé rongé par une cantilène
Pour que brille longtemps le conte qu'il celait.

Apprêtez à l'amour de dignes funérailles.
Mais si les blés sont hauts, sourdes sont les semailles.
Aux confins de mon âme, enfouissez le mort -
Et qu'il ne reste plus un seul débris du songe!
Amour est un miroir au reflet de mensonge.
Le squelette capté monte, Gorgone d'or.

A new arising dawn shall drive away the stars.
A bawling drunkard has stumbled over the flags.
Of his too well-known song I could sing all the chords.
Pile up the night, the rocks, the silence to a heap,
So that out of that tomb my folly may not creep,
If there may be a tomb where never was a corpse.

L'aube qui va lever chassera les étoiles.
Un ivrogne en chantant trébuche sur des dalles.
Ce chant m'est trop connu dont je sais les accords.
Amoncelez la nuit, le rocher, le silence,
Et que tout ce tombeau ma hantise balance
S'il peut être un tombeau lorsqu'il n'est pas de corps.

XXII LAST HOUR

Absence and mist. And on the blood the snow.
From the north the cold, clawing wind will blow.
The hand hits the wall. But could any wall
Choke the scream I give? To death is in thrall
The lively spark. It's time for the test.
Soon I shall know both of fear, and of rest,
And of the secret that so long fled me -
Burying its head in deep reverie.

XXII HEURE BLEME

Absence et brouillard. Neige sur le
Sang. Souffle le vent et griffe la bise.
La main heurte au mur. Mais quel mur pourrait
Etrangler mon cri? Mort saisit la vive
Flammèche. Voici l'instant qui n'a lui.
Bientôt je saurai la peur, puis la trêve,
Et le secret qui longtemps m'a fui -
Le visage perdu au fond d'un rêve.

XXIII CATS

XXIII-1 THE FLIGHT WHICH YOU SUSPEND *

The flight which you suspend haunts your quivering fur,
Echo of wings by some caprice strayed from the sky.
As you feel you could not follow the flight you spy,
Your buried bound is dream, expectation, anger.
Block similar to rest, rock wherein hides the claw
And that mirrors the bird through a golden window,
Stubborn death on the watch that is your death's fellow.
A spring will suddenly dash the hook on the flight.

Wedding, where love was crowned by a subtle lover.
It's in vain that the bird strives the day to regain.
A paw of lead caresses it and will retain
In its wing such a keen and tenacious pleasure
That its soaring, crushed, ends in a grave of feather.

XXIII CHATS

XXIII-1 LE VOL QUE TU SUSPENS *

Le vol que tu suspends habite ton pelage,
Echo d'aile qu'au sol un caprice égara,
Et ne pouvant suivre l'essor que tu flairas
Ton jet enseveli est songe, attente, rage.
Bloc pareil au repos, pierre où la griffe dort,
Miroir mimant l'oiseau par sa lucarne d'or,
Mort à guetter tenace et semblable à ta mort,
Un ressort abattra le croc sur le volage.

Noces! L'amant subtil a couronné l'amour.
C'est en vain que l'oiseau veut regagner le jour.
Une patte de plomb le caresse et allume
En son aile un plaisir si tenace et si lourd
Que son envol brisé revêt tombeau de plumes.

XXIII-2 A COAT OF SCREAMS *

A coat of screams and yells lines a rug of ember,
Circle surrounding him and mane that at him tears.
When he perceives the pole wrung by his panic fears,
He climbs up to the top and hopes to recover.
There he sees roofs and fields, recognizes voices.
But fatigue at him gnaws and weight on him presses
And his claws, giving way, leave the wooden shelter...
The blaze on him closes under bursts of laughter.

Block of quiet darkness or lowering billow,
You learnt from their hatred escape and watchfulness.
Halloos and torches coat your persistent stillness
And the split opal stone where time ceases to flow
Mirrors terrifying torments of long ago.

XXIII-2 UN HALLALI DE CRIS *

Un hallali de cris double un tapis de braise
Qui cercle l'environne et crinière le mord.
Il devine le mât que sa panique tord
Et gravit la hauteur qui le porte, l'apaise.
Il voit les toits, les champs, il reconnaît des voix.
Mais la fatigue ronge et arrache le poids
Les griffes, s'entrouvrant, du refuge de bois...
Et le rire jaillit quand le prend la fournaise.

Bloc de calme, de nuit , ou tumulte latent,
Leur haine t'enseigna fuites et vigilance.
Les clameurs et les feux tapissent ton silence
Et l'opale fendue où se fige le temps
Enferme la terreur des supplices d'antan.

XXIII-3 HIS GAIT IS ASSURANCE *

His gait is assurance, his sleep patient waiting.
He hides his peacefulness from the scorch of daylight
To spy, behind a blind of fur and blood pulsing,
Footsteps creaking, winds arising, days dawning bright.
Vertigo arranges his meandering tours
And where his shadow hangs is poised his velour,
It's his innermost dream that on his turns leads him,
His giddiness tested by reliable whim.

Come bury our repose and make it tame and still
In the dim crucible that the pregnant airs fill,
Where the backgrounds are blind and the boundaries tight!
Let be gem to freeze it, be ice to chain it up
Your eye, a gate, a tomb, a scornful, dreadful plight!

XXIII-3 SA DEMARCHE EST REPOS *

Sa démarche est repos, son sommeil est attente.
Il enfouit sa paix où le jour ne descend
Pour surprendre, par delà le poil et le sang,
Le pas grinçant, le vent montant, l'aube battante.
Il compose de ses vertiges ses détours
Et si flotte son ombre où pèse son velours,
Un songe en lui tapi lui commande ses cours
Et son caprice est sûr qui son vertige tente.

Engloutis nos repos, apprivoise nos paix
Au creuset sans couleur où les airs sont épais,
Opaque les lointains, les limites prochaines,
Et que gemme les fige et glace les enchaîne
Ton oeil, porte ou tombeau, dédaigneuse géhenne.

XXIII-4 WETHER THE NIGHT *

Whether the night haunts him or as a mask hides him,
No matter, he knows where prey and fear lie in wait.
Poacher whose skill daylight disregards as base cheat,
But whose widened pupils know not of our chasm.
Begotten by chaos to dwell in fields of fright,
He's used to vertigo and aware of its rights.
Across our obsessive fear up and down he strides,
Shy king of a dark realm that we're greatly missing.

Gravity is challenged by his weight of darkness
And his scorn turns to ice the blaze that at him beams,
Impassive torment in a sumptuous slowness
Which behind a sound sleep hides the bound, the fondness
For cushions and for roofs and for eaves -and for dreams.

XXIII-4 QUE L' HABITE LA NUIT *

Que l'habite la nuit, de la nuit qu'il se grime,
Il sait où luit sa proie, où le guette sa peur.
Braconnier d'un savoir que le jour dit trompeur,
Sa prunelle élargie ignore notre abîme.
Enfanté du chaos pour habiter l'effroi,
Il en sait le vertige, il en connaît la loi,
Et traverse son pas notre hantise, roi
Furtif du noir pays dont le regret nous brime.

Son poids d'obscurité nargue la pesanteur
Et son dédain glace le brasier qui le ronge,
Impassible tourment, somptueuse lenteur
Qui sous le sommeil clos cèle le bond, hanteur
Des coussins et des toits, des berges - et des songes.

XXIV THE GARDENER'S DAUGHTER

I was a blind woman and groped my way along,
Fancying for my own purpose wind, lightning, ghost,
My window heavy with logics I would have closed
More firmly still than with iron shutters so strong,

If the wind had not brought scents from the fair nearby
Which streamed and had shattered my clumsy litanies.
I breathed in his clothing - elating inquiries,
A thundering mix of scents, which I meant to be sky.

In the void of my dreams dances spun in a ring,
While shreds of night drifted along my blind glances
And the corridors bored with black, sappy trenches
Those thick, deceitful walls against which I'm stumbling.

He said: "I rear a night that is unrulier
Than the glue on your eyes, since it deeply pervades
Chaos and may appear, as a beat, as a flower
So that, if my skill could capture these dazzling shades
The desert would be acquainted with my labour.

If I want on the night to impose my presence,
I disguise my reasons and swim up all the way
To the point where the germ comes up and birth ripens,
And can enslave its strength as far as I obey:
Thus the dreamer prevails, though subjected to night.

XXIV LA FILLE DU JARDINIER

Aveugle, tâtonnante et par mes mains savante,
Je m'inventais le vent, le fantôme, l'éclair,
Et j'eus clos ma maison et sa vitre pesante
De logiques, plus fort que d'un volet de fer,

S'il ne venait pas tant d'effluves, car la fête
Ruisselait et rompait mes dits laborieux.
J'aspirais son habit - de grisantes enquêtes,
Un fracas de parfums que j'appelais des cieux.

Des rondes tournoyaient au vide de mes rêves.
Des blocs de nuits erraient dans mes regards obscurs
Et les couloirs foraient de leurs fils noirs de sèves
Ce bloc opaque et faux dont je heurte les murs.

Il disait: "Je nourris une nuit plus rebelle
Que la glu de tes yeux car elle plonge au coeur
Du chaos et surgit, fleur et mesure, et telle
Que si pouvait mon art capter cette étincelle
Obscure, le désert connaîtrait mon labeur.

Si je veux à la nuit imposer ma présence,
Je masque mes raisons et remonte, nageur,
Son cours où point le germe et mûrit la naissance,
Sa force asservissant par mon obéissance,
Tel au songe soumis triomphe le songeur.

I was turned into weed, I spread and filled the space,
And scared the buried fruit that scents the far morning.
I yielded to it lest my work would leave no trace,
I know that the hawk will be chased by the starling,
The day when the gardener will the garden replace."

Listen, bury my feet, wing me with a calyx,
Let that flesh be rotten which persists in my ruin.
Let the growth overcome and the flower flourish,
The one which remains deep in my darkness alone.

I shall be able to balance the flooding rain
And to become that song which watched before I did.
To till this ghost-garden I drained my dearest vein,
And I superseded my law while I obeyed.

Where is the cripple gone who questioned the doorways
And fancied she could in her hands retain the light?
Like a rag she has sunk. The wave swept her away
To shores where memory will not ever alight.

Because I'm the way which links the star with the earth,
The bridge towards distress and the path leading there,
I'm the flash of lightning between two angry bursts
Or the drowning woman who sinks with her lover.

Je suis devenu herbe, hantise de l'espace,
Affre du fruit terré qui flaire le matin
Lointain. J'ai dû plier pour que l'oeuvre ne passe
Et sais que le gibier chassera le rapace
Lorsque le jardinier deviendra le jardin."

Enfouissez mes pieds, ailez-moi d'un calice,
Pourrissez tout ce corps à me perdre entêté.
Que triomphe l'essor et que fleur s'accomplisse
Celle qui gît au fond de mon obscurité.

Je saurai balancer l'océan qui me baigne
Pour devenir ce chant qui veillait avant moi.
Jardinière d'un spectre en qui le spectre saigne,
Pour avoir obéi, j'ai dominé ma loi.

Où fut-elle, l'infirme interrogeant les portes
Et pensant la lumière en ses mains retenir?
Haillon, elle a coulé et la vague l'emporte
Où n'abordera pas même le souvenir.

Car je suis le chemin liant l'astre à la terre,
Le pont vers la douleur et le cheminement,
La foudre jaillissant pour combler deux colères
Ou l'amante engloutie engloutissant l'amant.

XXV NIGHT RECOVERED

In search of his fountain my stag came back again.
O, my legends, arise, relieve the missing one.
I strewed about the wood my blood by way of stones
Which huntsmen overlooked as did the haughty train.
I'll be able to trace back to where sounds my song
But sealed the cipher to my guest who does me wrong
And I shall hear how, stray among the skies, among
The fields, the horns vanish, and the barking grows faint...

O Stars, precise fingers you are weaving my fate;
Never again shall I invoke your tethered sway:
I am the cupbearer, aye, and I am the fête.
The years I spent a sword of night shall prune away.
My stag is back again here at the morning gate.

XXV LA NUIT RETROUVEE

Mon cerf est revenu qui cherchait sa fontaine.
Mes légendes, montez, vous remplacez l'absent.
J'ai parsemé le bois de mes cailloux de sang
Que le veneur ne vit, ni la chasse hautaine.
Je saurai retrouver le chemin de mon chant,
Mais le chiffre est celé pour mon hôte méchant
Et j'entends, égarés par les cieux, par les champs,
Mourir le cor plus sourd, la meute plus lointaine...

Etoiles, doigts précis qui tissez mon destin,
Je n'invoquerai plus vos puissances bornées
Car je suis l'échanson, car je suis le festin.
Une lame de nuit annule mes années.
Mon cerf a regagné la porte du matin.

XXVI CRYSTAL OF A BIRD

For an invisible festival a strange place!
  Ye, dwellers of my woods, must dress up as echoes.
Footpaths and thoroughfares are filling with shadows
In these estates haunted by my disbanded mates.

Music shall arise there where a prophet thunders.
But I will not forget the rites of time gone-by,
And now the words are like deer and does brought to bay.
Their herds, once put to flight, will disclose my covers.

Fountains of flowing time, you're filling me with night.
I scent the ebbing wave as well as the swell's flight.
My soaring shall triumph over my ball and chain.

O may the time come when, a ship deprived of mast,
Through obstinate silence I shall prevail at last
And have conquered the point where song and wing are vain.

XXVI CRISTAL D' OISEAU

Ce sont d'étranges lieux pour d'invisibles fêtes.
Hôtes de mes forêts, déguisez-vous en voix.
Déjà ont assombri leurs sentes et leurs lois
Ces domaines hantés par mes bandes défaites.

La musique se lève où tonnait le prophète.
Je n'ai pas oublié les rites d'autrefois,
Mais les mots désormais sont des cerfs aux abois.
Leurs hardes en fuyant révèleront mes faîtes.

Fontaines de l'instant, vous m'emplissez de nuit.
Déjà l'eau qui s'écoule et la houle qui fuit.
Mon vol triomphera du poids qui m'entremêle.

Oh, quand viendra le temps où, tous mats abattus,
Je serai le vaisseau vainqueur pour s'être tu,
Ayant conquis le point où cessent chant et aile.

XXVII HURQALYA

Orchard - Say, which garlands of fruits do they disguise,
Those abysses of night that spread on our mirrors?
Look, stumbling are even the most steady walkers.
Like the Serpent the bow caused the world to arise.

Lightning has heard the call and in turn impregnates,
Clever at disguising both the term and the soil,
Since the evening's attempts the river used to foil;
Claim to be your own source which its flow regulates.

In the saps which your tooth presses don't you taste Time
Which kneads the barren soil and the dazzling sunshine
So that their union be fruitful in the beverage?

Thus, such fruit increases unaware of your dates
And yet in the garden where your shadow rotates
The stubborn tree expands and shall overcome age.

XXVII HURQALYA

Verger - mais de quels fruits déguisent-ils la ronde
Ces abîmes de nuit constellant nos miroirs?
Voici qu'ont chu les pas qui ne devaient déchoir.
L'arc mimant le serpent vient d'engendrer le monde.

L'éclair perçoit l'appel et lui-même féconde,
Habile à déguiser, le terme et le terroir,
Car le fleuve ne coule où l'entraîne le soir.
Toi tu te dis ta source et façonnes ta bonde.

Aux sucs que ta dent presse ignores-tu le temps
Qui pétrit le sol dur et les jours éclatants
Pour que la noce germe au secret du breuvage?

Ainsi tel fruit s'accroît ignoré de tes jours
Et le jardin pourtant où ton ombre a son cours
Porte l'arbre têtu que ne brisera l'âge.

XXVIII HESPERUS

Secret companion, you know the journey's end
Not the start. Our voices must always be strangers.
You address me from that garden where you wander -
Nightly - and I feel your hand trembling in my hand.

Even so, my shadow shall awake tomorrow,
Bent with the secret whose guardian it came to be.
And silence shall surround it as would an eyrie.
I shan't remember of flight, cry nor soil where so

Many wanderer, stray, shipwrecked had a wrestle,
Had known of raised fist, of fair and of fiddle
A nostalgia for which on him always will tell.

But in my quietude accountless homesickness
Prevail on these shores where space, time are meaningless,
But not music which could on me maintain its spell.

XXVIII HESPERUS

Compagnon secret,tu sais le but le chemin,
Non le seuil. Nos voix resteront étrangères.
Tu me parles de ce jardin où tu erres -
Nocturne - et je sens trembler ta main dans ma main.

Pourtant mon ombre s'éveillera demain,
Lourde du secret dont elle est dépositaire.
Le silence environnera comme une aire.
Nul souvenir du vol, du cri, du sol où maint

Voyageur perdu, sombré, connut la lutte,
Le poing aux cieux dressé, la fête, la flûte
Dont le regret toujours persiste. Mais au coeur

De ma paix, l'appel du pays sans témoignage
Sur cette rive où s'abolissent le pas,l'âge,
Non la musique dont je ne fus le vainqueur.

XXIX A LOOK-OUT'S SONG

By the ford of my sense -by the creek in my lea-
My messenger waits to inform me of the night.
He watches in this wood where slumbers from me flee.
Which sky may compare with the chaos in my eye?
With its trilling a bird bemuses my reason
And if I quench my thirst in and out of season
And wobble, complying with rite and orison,
It's because I have tamed stir and placidity.

And now, I've left the gate of oblivion behind.
I saw my companion, left on the bank of night.
He unfettered the song buried deep in my mind
I wonder, winged with shades and moved by dreamy sights,
If I am the drinker or the bird that takes flight.

XXIX UNE CHANSON DE GUETTEUR

Au gué de ma raison - au gué de ma rivière-
Mon messager m'attend pour m'enseigner la nuit.
Il veille dans ce bois où le sommeil me fuit.
Quel ciel vaut le chaos qui peuple ma paupière?
Un oiseau de sa trille étourdit mes raisons
Et je suis le buveur affranchi de saisons
Qui vacille, sachant le rite, l'oraison,
Ayant apprivoisé le tumulte et la pierre.

A présent j'ai franchi les portes de l'oubli.
J'ai vu mon compagnon sur la berge du rêve.
Il a désenchaîné mon chant enseveli
Et j'ignore, ailé d'ombre et remué de rêves,
Si je suis le buveur ou l'oiseau qui s'en lève.

XXX A STAR *

In the midst of my stream a star is shining bright.
Is it my deep secret, is it my dearest choice?
The song sounding in me is crooned by a dead voice
Flesh on me would its door close to prevent my flight
If I weren't a sky and wouldn't hold the night.

XXX UNE ETOILE *

Une étoile au mitant de mon fleuve luit.
Est-ce ma cible ou bien le secret que je porte?
Le chant qui me hante est le chant d'une voix morte
Et la chair à mon vol opposerait son huis
Si je n'étais un ciel et n'enfermais la nuit..

XXXI BLACK LIGHT

Star with your dead peace that light up,
Whose muted voice do you echo?
A whole eternity to go
To the last shore, to the last stop.
Tumult and silence are alike
In that night that my sun subdues.
From a well-like glance rises glue.
Your world, relieved sentry, springs up.

When mirror becomes mirrored face,
When paths bring light into the stones,
Quietness surges. The time comes
When, darkness and fire being at peace,
You'll be gem sparkling on the leas.

XXXI LUMIERE NOIRE

Une étoile et sa paix morte qui se lève
De quelle voix perdue es-tu l'écho?
Toute une éternité pour cingler jusqu'au
Dernier rivage, pour gagner l'ultime trêve.
Les tumultes et les silences sont pareils
De cette nuit où s'abîmera mon soleil.
Voici la glu montant du puits d'un regard.
Ton monde naît, guetteur perdu qu'on relève.

Quand le miroir est le visage miré,
Quand les chemins illuminent le coeur des roches,
Une sérénité surgit. L'heure est proche
Où la ténèbre et le feu conciliés
Tu deviendras gemme étincelante du pré.

XXXII SONG

I passed you on my way, my friend, early at dawn,
And now my frozen hand lies in your hand so warm.
The song that in a low voice you crooned wears me down.
Whose words neither rivers could halt, nor the return
Of merciless summers. Year after year tinges
With gold the empty grave. A bright circle of bees
Turns around a hollow copse which night encloses.
Shall the imprisoned child that was dreaming of light,
Dreaming of morning dew and dreaming of new light
And snivels left alone, for ever shed its tears ?

Morning dew freezes in the womb of grapes. Flowers
Crunch and the grass which you have trampled underfoot
Is akin to the wine. Nights result in nectars
Whereas the frost triumphs and, buried in the root
Of the vine stocks, blazing sun as a monarch reigns.
Under your teeth heavy pulps burst. A procession
With solemn bridal hymns escorts the bride and groom...
But no, only the cold reigns and my obsession
And dreams of bygone days and indistinctly loom
Promises out of fashion.

XXXII CHANSON

Je t'ai croisé à la naissance de l'aurore,
Ami. Ma main glacée en ta main tiède dort.
Tu chantais à mi voix ce chant qui me dévore.
Les mots n'avaient figé le fleuve, ni l'essor
Impitoyable des étés. La pierre dore
An après an le cénotaphe. Un cercle clair
D'abeilles tourne. Le buisson creux garde la nuit.
Cet enfant prisonnier qui rêvait de lumière,
Qui rêvait de rosée et de neuve lumière
Et pleure dans son coin pleurera-t-il toujours?

La rosée se glace aux flancs des vignes. La fleur crisse
Et l'herbe sous tes pas que tu broyais est soeur
Du vin. Les nuits en nectars s'accomplissent
Quand le gel mène sa noce et les ardeurs
Du soleil englouti régnant aux profondeurs
Des ceps. Sous les dents crèvent les pulpes lourdes.
Un cortège en chantant escorte les époux.
Mais non, seul le froid règne et mes rêves de jours
Anciens, et mes obsessions, et sourdes,
Les promesses qui n'ont plus cours.

My friend, nothing ever could chain up the morning;
Neither the freezing breath on the sleek stems of rush
Nor, on the wooden stairs, your step's empty creaking.
For a while swallows have filled the wind with a dash,
Until they spread away. Nothing, neither the tune
Which you're humming away, nor the palm that's closing
Up its jail on my fist shall imprison my dream
Where the fermenting nights have, but themselves, no aim,
Where on birds flown away has arisen a song.

Ami, rien n'enchaîne le matin, ni l'haleine
Qui se glace sur les joncs lisses, ni le blanc
Crissement des marches de bois. Elles sommeillent
Au creux du vent les hirondelles, un instant,
Puis leur fuite s'éparpille. Rien, ni le chant
Que tu fredonnes, ni la paume qui referme
Sur mon poing sa prison n'enchaîneront mon songe
Où les ferments des nuits n'ont qu'eux mêmes pour terme,
Où sur des vols enfuis se lève une chanson.

XXXIII HERMES SPEAKS

My night haunts whoever is a double herald.
-You may revile the fiend to whom you mean to bow,
Rebel, and admit that you're crushed by his shadow
But don't call a stranger this guest who's your trouble.

Reach at last the chasm wherein your absence gleams.
The scales you weigh your void in are your nothingness
And the one whose silence increases your protest,
And who is killing you is disguised as your dreams..

Echo of the secret word in your flesh, mirror
Where, silent, hides Psyche's invisible lover,
Void from across the night balanced by your clamour,

Become the wanderer who haunts the borderland
Who knows that to his greed no fruit could put an end,
On both sides be master and silence diviner.

XXXIII HERMES PARLE

Il n'est double héraut que n'habite ma nuit.
Agonis le démon dont tu te crois victime,
Rebelle, reconnais que son ombre te lime,
Mais n'appelle étranger cet hôte qui te nuit.

Atteins le gouffre enfin où ton absence luit.
Tu pèses ton néant au poids de ton abîme
Et celui qui t'achève en ton rêve se grime,
Toi qui sur son silence accumules le bruit.

Echo du mot secret chu dans ta chair, miroir
Où se tait cet amant que Psyché ne doit voir,
Vide outre nuit régnant que ta clameur balance,

Deviens le vagabond qui hante les confins
Et sait que les vergers ne valent pas sa faim,
Maître des deux versants et sourcier du silence.

XXXIV GARDEN UNDER NIGHT SKY

O flute, be on my lip a goblet and prelude.
Look how the gnawed sun flickers and takes to flight,
And over our gardens and on our solitude
Gradually rises the shadow of the night.

Crickets -the last crickets- spluttered when from the grass
The slumbering night surged, while in its abyss sank
Perfumes, vessels alike, that proud and superb pass,
Heading for open sea, whose masts together clang.

Come to the garden where flowers raise some strange shapes.
Your soul! Lift up your soul, as they do, to let flow
Along, smoothly, benches and the huge flower clumps.
A scent will cloth the paths where we go with its glow.

Adorned with swords, iris out of the darkness looms
Which the clay of the pots crushes to black perfumes -
And mysterious and dull has now become the moan
Which the crickets mingle to a halo of tunes.

Above you to an arch has bent the mystery
Of the hills, heavy patches of peace that are all
Over dotted with shades, while down there a lily,
Pallid and blue, stands out on the tumbledown wall.

XXXIV LE JARDIN SOUS LA NUIT

Flûte, noue à ma lèvre une coupe et prélude.
Voici que le soleil rongé vacille, fuit,
Et que sur nos jardins et notre solitude
Se creuse le lever opaque de la nuit.

Les criquets -les derniers- crépitent quand des herbes
La nuit qui sommeillait gonfle ses flots et qu'en
Son abîme s'engouffrent les flottes superbes
Des parfums, proue au large et mâts s'entrechoquant.

Viens au jardin. Les fleurs haussent d'étranges formes.
Ton âme, lève-la comme elles, et sans heurt
Pour que glissent les bancs et les massifs énormes
Un parfum vêtira nos sentes de lueurs.

De glaives étoilés l'iris surgit de l'ombre
Que la glaise du pot écrase en noirs parfums -
Et la plainte se fait mystérieuse et sombre
Des grillons en halo confondant leurs refrains.

En arches, sur ton front se courbe le mystère
Des cimes, blocs de paix massives, semés çà
Et là d'ombres, tandis qu'à leur pied, solitaire,
Un lys blême bleuit au mur qui le versa.

The deceitful fir-trees whose tall tops whirl around
Sketch out a line of stairs for some huge Babel tower;
Raising crenellations that are by stillness crowned,
Triumph of a fragile instant but hollow lure

That collapses. The trunks tumble into the dark,
The prostrate scents are unperceivable. They merge,
Giving, to hide their end, some mournful fox-like bark,
And darken to rumours in a slow backward surge.

A stiff breeze that into a panic throws their ring
Gathers and muddles up a swarm of flying wings,
And smell -here close to you-, its corolla folding,
This flower is a tomb where night is closing in.

****

Of unknown essences and balms a garden will
From our innermost heart arise. There we would go,
Rich of a knowledge into us, newborn, instilled
By old books and by instruments of long ago.

Stillness now triumphs. As stars open roses.
And a secret whirlwind moderates their debate.
Of stray eddies their sphere may seem to be composed
But their flow is in fact quiet, peaceful, prostrate.

Les sapins mensongers dont le front tourbillonne
Ebauchent les degrés d'un Babel fabuleux,
Elèvent des créneaux qu'un silence couronne,
Triomphe d'un instant frêle, mirage creux

Et s'écroulent. Les fûts retombent en ténèbres,
Les parfums effondrés ne se distinguent plus
Et recouvrant leur fin de feulements funèbres
S'obscurcissent. Rumeurs. Invisibles reflux.

Une aspiration dont leur ronde s'affole
Retient et les confond l'essaim d'ailes qui fuit,
Et sens -auprès de toi repliant sa corolle
La fleur est une tombe où s'enferme la nuit.

Un jardin inconnu, de baumes et d'essences,
Au fond de nous veut se lever, où nous irions,
Riches de ce savoir qui fit notre naissance,
Semence du grimoire et du psaltérion.

Le calme a triomphé. Astres s'ouvrent les roses.
Un tourbillon secret ordonne leurs débats.
Des remous égarés leur sphère se compose
Mais pour qui sait, leur flot pose, paisible, plat.

Our days have flown away. Away have flown our hours.
Fall, veil of oblivion, on all that's vain and foul!
The tide of time, breaking that old clockwork of ours,
Comes and fills the same bed as the flow of the soul.

Sail along, bright vessel, all through the shallow maze,
Sail swiftly, ignoring those glimmers on the hills,
For up there on the shores and in the deepest bays,
Ship-wreckers are at work with their murderous skills.

Before your eyes a night, triumphantly expands,
Resounding with murmurs and pregnant with fires,
Lonely, mighty, intact, but who could understand
That much more beautiful night is filling your eyes?

I'll climb your soul's ramparts and I'll collect the wind.
And my sky shall darken in the shine of your death.
Like a blade hitting home shall stand the hour, flaming .
Still and strong suddenly shall come forth a new space.

We'll go among the birds that are dotted with scents
From the void of the peaks to the shades of the bays.
Fluttering and shimmering, they will be the remains
Of forgotten bonfires and treacherous middays,

Or, beyond many tombs and beyond many graves,
Stuck to slumbering blocks, shifting all around us,
The serpentine seaweeds will intertwine their threads
Whether, broken, they float, or like goatskins they burst.

Au loin ont fui nos jours. Au loin ont fui nos heures.
Sur ce qui meurt et fuit, tombe, voile d'oubli.
Le flot du temps brisant la routine de l'heure
Rejoint le flot de l'âme et coule en même lit.

Vogue, mon clair vaisseau, par le lacis des sondes,
Vogue et vole, aux lueurs aveugle, car du haut
Des cimes, aux berges pâles et aux profondes
Anses, des naufrageurs allument leurs fanaux.

Sous tes yeux une nuit triomphante foisonne,
De rumeurs parcourue et féconde de feux,
Solitaire, puissante, vierge, mais personne
N'a su la nuit combien plus belle de tes yeux.

J'irai chercher le vent au créneau de ton âme.
Mon ciel s'obscurcira au soleil de ta mort.
L'heure flambant se figera comme une lame.
Un espace nouveau surgira clair et fort.

Nous errerons, des pics néant aux golfes ombres.
Les oiseaux nous viendront, constellés de senteurs,
Indécis, scintillants, qui seront les décombres
De brasiers oubliés et de midi menteurs,

Ou par delà bien des caveaux et bien des tombes,
Sur des blocs assoupis glissant autour de nous,
Flottant brisés ou se gonflant comme des bombes,
Des algues de serpents croiseront leurs remous

Stale smells of obsessive fear, of anguish, of dreams,
Surf waves intermixing scents that are winged with death,
Like pontoons, run aground on the shores and rotting,
Destroy those false gardens into which we have strayed!

Open, that in a ring in the muffled rolling
May spin the blue, gaping barrels sunk in the depths,
The mighty maelstrom where my fairest dreams up spring
Which no torch of diver ever could have upset.

Don't hand over our soul to the prosaic moons.
Remove this fraud echo that mimics the passions
And whose only purpose, in its mock solitude,
Is to double our yews and to ape our Zions,

But let our brow be clothed -and our distraught lip-
In the pearl diving-suit and bear the magic horn
That they may into dawns and days safely dive deep,
Unchanged and unsullied, in utter silence borne;

When my spectre at last will have lifted the veil
And opened that door at which I have knocked for years,
That no memory may on my fate heavy weigh
But long lasting slumber, haunted by scorn and peace .

Remugles des effrois, des hantises, des rêves,
Ressacs entremêlant vos parfums morts - ailés,
Comme un ponton pourri s'abîme sur les grèves,
Rompez ces faux jardins qui nous ont exilés.

Ouvrez, qu'au roulis sourd les rondes tourbillonnent
Des fûts bleus s'épanchant sombrés des profondeurs,
Le maelström souverain d'où mes songes rayonnent
Que n'a jamais troublé la torche des sondeurs.

Ne livrez pas notre âme aux lunes sans mystère.
Ecartez cet écho qui feint les passions
Et qui n'a de dessein, la fausse solitaire,
Que doubler nos cyprès et mimer nos Sions,

Mais recouvrez nos fronts et nos lèvres hagardes
Du scaphandre de perle et du cor enchanté
Pour traverser l'aurore et le jour et ses hardes
Inaltérés et purs, de silences hantés,

Pour quand mon spectre enfin ayant vaincu le voile
M'ouvrira cette porte où j'ai longtemps frappé,
N'avoir de souvenir qui grève mon étoile
Qu'un long sommeil, peuplé de mépris et de paix.

INSCRIPTION ON A STONE SLAB

I was caught in a whirl, with loud shouts and drum rolls,
Flags streaming in the wind, delirious prophecies,
Squirting blood... Suddenly, from their feasts I was torn
And fell into rest which ignores time and worries.

I shut a crystal door on my new peacefulness.
Once the tumult had ceased, I was god, though vanquished
I saw how wings fluttered high above my recess,
But nothing would upset now my secluded bliss.

And a stubborn repose limits my violence.
I don't know if I am a dream or a soldier,
Nor the place of the fight causing my hesitance,

Nor shall I know under whose standard and order
I fought, the day I'll throw away helmet, shield, lance
And flee this rubbish fray for a bed of silence.

STELE

Un tourbillon m'a pris. Eclats, tambours battants,
Pavillons claquetant, délires de prophètes,
Sang giclant, quand soudain arraché à leur fêtes
Je chus dans ce repos qui ne connaît de temps.

Le cristal sur ma paix referma ses battants
Le tumulte apaisé, je fus ciel et défaite.
Je voyais s'agiter des ailes sur mes faîtes,
Mais rien ne dérangeait mes lointains éclatants.

Un sommeil obstiné borne ma violence.
J'ignore si je suis le songe ou le soudard,
Où se tient ce conflit qui m'habite et balance

Et je n'aurai connu quel fut mon étendard
Quand je déserterai, jetant casque, écu, lance,
Ce combat de copeaux sur un lit de silence.

NOTES

NOTES

The titles marked with an asterisk (*) were added by the translator.

*The French poet **Michel GALIANA** (1933 – 1999) has published:*
-under his official name, Michel Souchon, a novel, "The Shadow Theatre" similar to Voltaire's philosophical tales.(1966)
-two essays, entitled "Beyond your Homeland" (1987) and "Treatise on Indifference" (1989) in which he proclaims that he wants no part in the collective extravagances forced on us by the state and society and extols indifference as a virtue, excluding however revolt which generates new kinds of alienation,
-and two collections of narratives "A Trip to the West Suburbs" (1991) and "The Cry" (1993) unfolding on the borderland between two worlds, the objective one and the haunted domain which everybody may call his own and is, who knows?, the best part of him.

And yet, poetry has always been to him a field of investigation, as well as a form of asceticism.
He published successively
- "The Dream in the Orchard" (1990) where verse appears in a strict shape to assert the poet's rejection of the visible world,
- "In Memoriam" (1991), also keeping the strict canons of poetry which may be more suitable than loose rhythms for the purpose of capturing voices floating about in slumber and silence. It is made up of three parts each of which is a vantage point from where the author looks back on his years spent,
- "Out of a Book of Hours" (1992), a title borrowed from Rilke, which completes the former one and also gives account of poetical introspection but in a less structured manner. It consists of two sections. "Dwellings": exquisite moments of awareness and ecstasy. "Songs": dizzy spells which seize and imprison the poet in an unchanging dancing rhythm.

NOTES

Les titres signalés par un astérisque (*) sont ajoutés par le traducteur.

*Le poète français **Michel GALIANA** (1933 - 1999) a publié*
-sous son nom d'état civil, Michel Souchon, un roman, "Le Jeu des Ombres" qui s'apparente aux contes philosophiques voltairiens.(1966)
-deux essais intitulés "Par delà la Patrie" (1987) et "Traité d'indifférence" (1989), dans lesquels il affirme son refus de participer aux folies collectives qu'imposent l'état et la société et prône la vertu d'indifférence sans recourir à la révolte génératrice d'autres aliénations,
-et deux recueils de récits "Voyage en Hauts de Seine"(1991) et "Le Cri" (1993) qui se situent à la lisière de deux mondes, le monde objectif et le domaine hanté que chacun possède et qui est peut-être la part la plus précieuse

Toutefois la poésie a toujours constitué pour lui une étude et une ascèse

Il publia successivement
- "Le songe du verger" (1990) où le vers revêt une forme stricte sous laquelle à nouveau il affirme son refus du monde apparent,
- "In Memoriam" (1991) qui respecte également les formes strictes qui, mieux que des rythmes trop lâches peuvent capter les voix qui flottent dans le sommeil et les silences et s'articule en trois parties dont chacune est un belvédère d'où l'auteur jette un regard sur ses jours écoulés,
- "D'un Livre d'Heures" (1992), titre emprunté à Rilke, qui complète le précédent et relate également des examens de conscience poétiques mais de façon moins structurée. Il se compose de deux parties. "Demeures": des moments privilégiés de lucidité et d'extase. "Chansons": des vertiges qui emportent et emprisonnent le poète dans une cadence inflexible comme celle d'une danse..

His translator, who is also his brother, Christian SOUCHON avails himself of translating abilities derived from his experience as a free lance translator with OECD, his humanistic education and his studies at the renowned graduate business school HEC –Paris

These translations were revised by Lois WICKSTROM, a renowned American author of children's literature and science fiction and Dr Klaus ENGELHARDT who taught French and English for 34 years at Lewis & Clark College in Portland Oregon

Christian SOUCHON met au service de l'oeuvre de son frère son expérience de traducteur pour le compte de l'OCDE et les connaissances issues de sa formation d'humaniste et de ses études à l'école des Hautes Etudes Commerciales.
Ces traductions ont été revues par Mme Lois WICKSTROM, auteur américain reconnu de littérature enfantine et de science fiction et le Dr Klaus Engelhardt, ancien professeur de français et d'anglais au Lewis & Clark College de Portland dans l'Oregon..

I The Dream in the Orchard

The orchard was in all likelihood the garden in Southern France that belonged to the author's grandparents on his father's side. The translator makes this assertion because Michel mentions the crickets -- which were in fact infuriating cicadas that chirped incessantly in that garden during summer nights. His grandparents' garden also grew the wild iris and the lavender and was bordered by a wall on two sides.

The "shrouded stars" are the stars that become invisible in the sunshine. Alternatively they may be a first allusion to the "realm of archetypal images", called "Hurqalya" by some Islamic schools, to which poem XXVII is dedicated.

II The Prince

The 3rd line may also be understood as: "I earn a bare living on writing books at night".

Both Ilium (Troy) and Thule are chimerical realms

Comment on this poem by the British poet Andrew KONISBERG:

"Thoroughly enjoyed the craft of this one. It dares the reader to ignore it but I think you pulled it off with aplomb. The reasons for this are that the 'prince' within the narrative can be viewed as being metaphorical. The repeat of 'memory', lest one forgets, is also interesting...the protagonist's attachment to it, as if it defines something of value or/ and hints that something important happened that the narratee should not have forgotten or has 'conveniently' forgotten. There is also note of intent sounded by the protagonist at the end...this is a new beginning, something to 'remember'."

I Le songe du verger

Ce verger était selon toute vraisemblance un jardin ayant appartenu aux grands-parents paternels de l'auteur, et situé dans le midi de la France, comme l'indiquent les criquets -en réalité d'entêtantes cigales-, les iris sauvages, la lavande et le mur qui le bordait sur deux
côtés.

Les "astres voilés" sont les étoiles que l'éclat du soleil rend invisibles. Mais il peut aussi s'agir d'une première allusion au "royaume des images archétypales", nommé "Hurqalya" chez certains courants de pensée islamiques, auquel le poème XXVII est consacré.

II Le Prince

Deux interprétations possibles pour la 3ème ligne: soit -Je gagne chichement ma vie à écrire la nuit- soit -Je passe mes nuits plongé dans mes livres.
Ilion (Troie) et Thulé sont toutes deux des royaumes chimériques.

Commentaire sur ce poème par Andrew KONISBERG, poète anglais:

"J'admire profondément le savoir-faire dont témoigne ce poème. Il provoque le lecteur sans en avoir l'air, mais il s'en sort, je crois, avec maîtrise. C'est qu'on pourrait ne voir dans le Prince du récit qu'une métaphore. La répétition des références au 'souvenir', de peur qu'on oublie, est également significative... Le prix que le héros y attache le définit comme un bien précieux et/ou le signe que quelque événement important a eu lieu que le lecteur n'aurait pas du oublier ou qu'il a jugé 'commode' d'oublier. La fin du poème sonne comme une déclaration d'intention du protagoniste...l'annonce d'un recommencement, de quelque chose à se 'rappeler'."

III Potter of Stars
This could be an allegory of the poetic creation. The poet's mind retains fleeting impressions of thoughts and events. This process is not in the poet's control. It is his inspiration and his window from our world to its twin world which the poet considers to be more real.

IV The Stop in the Mountains
In the 1950's Michel's father used to rent a cottage near Chamonix during the summer months. Michel once accompanied the landlord's children and their friends on a mountain tour to the Assy Plateau and Platée Desert. When they had reached the Green Lake, only the experienced mountain climbers went further up. The others turned around and went back. Michel was among them.

V The Gate
The translator never heard of this event which Michel considers as marking his passage to grownup age .He knows that Michel was on holiday with his eldest sister in Sicily. Michel's second sister remembers that he met there with an accident that neither of them mentioned
to their parents. He appears to have had a touch of sunstroke followed by abundant nosebleed during an oar boat excursion to a curious natural stone gate.
The line in the 10th verse:
"Seven times the vessel left again which takes me"
could possibly mean that the poem was written 7 years after the accident.(in 1960?)

VI The Lookout
-Michel did his military service with the French Air Force in Germany.
He once sent his brother a post card in which he mentioned that he sometimes acted as a lookout but said nothing of the watchtower nor of his lack of military conscientiousness of which he boasts here.

III Potier d'étoiles
Il pourrait s'agir, entre autres interprétations, d'une allégorie de la création poétique qui permet de fixer par les mots des impressions, des pensées et des circonstances fugitives. Le poète n'est pas maître de ce processus:c'est ce qu'on nomme l'inspiration qui crée un monde autre (jumeau) qui ne se contente pas d'être l'imitation du monde existant.

IV La halte dans la montagne
Dans les années 1950, le père de Michel louait un chalet près de Chamonix pendant les mois d'été. Michel accompagna les enfants du propriétaire et leurs amis lors d'un excursion au Plateau d'Assy et au Désert de Platée. Quand ils atteignirent le Lac Vert, seuls les montagnards expérimentés continuèrent l'ascension. Les autres rebroussèrent chemin. Michel était de ceux-là.

V La Porte
Le traducteur n'a jamais entendu parler de cet événement, considéré par Michel comme marquant son passage à l'âge adulte .Il sait qu'il avait passé des vacances en Sicile avec sa soeur aînée. Sa seconde soeur se souvient que Michel y avait été victime d'un accident dont ils n'informèrent pas leurs parents. Il s'agissait d'une insolation suivie d'un abondant saignement de nez au cours d'une excursion en barque jusqu'à une curieuse porte de pierre.
La ligne de la 10ème strophe: "Sept fois renaquit le vaisseau qui m'emporte" pourrait signifier que ce poème fut écrit 7 ans après cet accident. (en 1960?)

VI Le veilleur
Michel fit son service militaire dans l'aviation en Allemagne.
Il envoya une carte à son frère dans laquelle il faisait allusion à des tours de garde mais sans parler de mirador ni du manque d'esprit militaire dont, on le voit, il s'enorgueillit ici.

-Lycaeus is a mountain in Arcadia sacred to Zeus. The altar of Zeus consisted of a great mound of ashes with a retaining wall. It was said that no shadows fell within the precincts; and that any one who entered it died within the year.

-This poem could possibly be a reminiscence of Rilke's Book of Hours -Book of the Monastic Life:

"Around God, around the ancient tower
I've been circling for thousands of years
But still don't know: am I a hawk, a storm
Or else a song, ever lasting?"

VII The Hawk

The fabulous bird of prey, stuffed and prisoner of a glass case, is here, perhaps, the image of the poet and the hood an allegory for the distance which he keeps between himself and trivial reality.

VIII The Stone of Wisdom

A poem in praise of slowness, thoughtfulness, reflection, respect of ancient cultures etc… which are possibly more fertile and pregnant with riches than excessive haste and frantic modernity.

IX The Plea of Darkness

-The word "shadow" means in this poem chiefly secrecy, seclusion. Seclusion is praised here both as a source of inspiration and a guarantee of stylistic genuineness.
-"The dance of the little girl in her garden…" refers to the poem "The Teenager" (In Memoriam).

-Lycéus est une montagne d'Arcadie consacrée à Zeus.
L'autel de Zeus était constitué par un grand amoncellement de cendres confiné par une murette. On disait qu'aucune ombre ne se projetait à l'intérieur de cette enceinte; et que quiconque y pénétrait mourait au cours de l'année.

Ce poème pourrait être une réminiscence de Rilke (Livre de la vie monacale):

"Autour de Dieu, cet antique bastion,
Je vais tournant depuis plus de mille ans;
Sans savoir si je suis vent ou faucon
Ou peut-être un interminable chant."

VII L'épervier
Le fabuleux oiseau de proie, empaillé et prisonnier d'une vitrine, est peut-être l'image du poète et le corselet une allégorie de la distance à laquelle il tient la prosaïque réalité.

VIII La Pierre de Raison
Un poème à la gloire de la lenteur, de la réflexion, du respect des cultures antiques etc...qui sont peut-être plus fertiles et riches de potentialités que le rythme effréné de l'agitation moderne.

IX Le plaidoyer de l'Ombre
-Il apparaît que le mot "ombre" signifie dans ce poème »incognito » et « solitude ».
L'accent est mis sur la solitude, à la fois source d'inspiration et garante de l'originalité et de la pureté du style.
-"La danse de la fille au jardin...": se rapporte au poème « l'adolescente » (In Memoriam).

X-1 Hesperides
In mythology the Garden of the Hesperides was Hera's orchard, where golden apples grew, tended to by nymphs whose name means "daughters of the sunset".
Michel uses it as an allegory of poetry which preserves what is ephemeral, calm down passions and whose work is perfected and crowned by death.

X-2 Spring Madrigal
Apparently, a charming madrigal in Ronsard's fashion: female beauty is subjected to decay. But the poet can help… But, considering that this poem is part of the series (X) dedicated to the Garden of the Hesperides, it is doubtful that it be only that. The Boboli Hill is the garden of Palazzo Pitti in Florence.

X-3 Hercules in the Garden
This text is part of a series of 13 poems dedicated to alchemy ("Fighting Hercules"). To reveal the correspondences of the visible material world (the "Below") with its divine counterpart, symbolized here by the Garden of the Hesperides, is as dangerous an attempt as Phaeton's attempt at driving the sun chariot.

X-4 Gardens
As in poem I, the metaphor may apply to the fabulous other world, "Hurqalya", where all things and destiny pre-exist in germ.
The "bloodstained gate" possibly refers to poem V("The Gate").

XI-1 The Triumph of Hermes
Now Michel is no longer a young man . He considers the choice he made: madness which denies trivial reality, conventional religion, celebrity...
The Hermes meant in the poems XI-1 to XI-5 is not, apparently, the god of commerce, but the mysterious author, named after the Egyptian god Hermes

X-1 Hespérides

Dans la mythologie le Jardin des Hespérides était le verger d'Héra dont les pommes d'or étaient gardées par des nymphes dont le nom signifie "Filles du crépuscule".
Michel en fait une allégorie de la poésie qui conserve ce qui est éphémère et calme les passions et dont l'oeuvre est parfaite et couronnée par la mort.

X-2 Madrigal de printemps

En apparence, un charmant madrigal dans le style de Ronsard: la beauté féminine est assujettie au déclin. Mais le poète peut y remédier... Toutefois, étant donné la place du poème dans la série consacrée au Jardin des Hespéride, on peut douter qu'il ne s'agisse que de cela. Boboli est le jardin du palais Pitti de Florence.

X-3 Hercules au jardin

Peut-être les Hespérides désignent-elles l'autre-monde du Soufisme où chacun est supposé avoir son "jumeau nocturne". Révéler les correspondances entre le monde matériel visible avec ce monde "intermédiaire" est une entreprise aussi périlleuse que celle de Phaéton qui voulut conduire le char du soleil.

X-4 Jardins

Ici encore la métaphore a trait, peut-être, à ce fabuleux autre-monde où toutes choses et leur devenir préexistent en germe.
La "porte qui saigne" fait peut-être référence au poème V.

XI-1 Le triomphe d'Hermès

Michel n'est plus un jeune homme. Il jette un regard sur le choix qu'il a fait: celui de la folie qui se moque de la réalité triviale, de la religion conventionnelle, de la célébrité...
L'Hermès dont il est question dans les poèmes XI-1 à XI-5, n'est pas, semble-t-il, le dieu du commerce, mais le mystérieux auteur, nommé d'après le dieu égyptien

Trismegistus (or Toth), of the "hermetic" scriptures which enjoyed great credit among men of alchemy and modern poets like Mallarmé or Valéry.

XI-2 Call on Hermes
Michel here alludes to the failure of his political works (see biography above) and declares himself as an adept of hermeticism which was to lead him to seclusion.

XI-3 The Forger
This poem is about the usefulness and the danger of availing oneself of literary models –in the present case of "hermetic" authors such as Nerval, Valéry, Mallarmé, etc… , who are as many "ghosts and guardian shadows ..showing the shortest way" to creation, but "whose help is perilous" inasmuch as it may easily lead to sheer plagiarism .

XI-4 Hermetic Forest
This is Galiana's first poem published in irregular verse (with uneven number of syllables).
Does the poet address here a beloved woman or his hermetic double, since the piece is the fourth part of "The triumph of Hermes"?

XI-5 The Helmsman
Again a dialog between the poet and his "nocturnal twin" who inspires his poetry (Irregular verse).

XII Spider
A very unconventional metaphor : the poet who lives in seclusion but remains there aware of all that agitates the mundane world, converting it to words is like a spider lying in wait in the centre of its web.

Hermès Trismégiste (ou Toth), des ouvrages "hermétiques" qui furent très prisés des alchimistes et d'auteurs tels que Mallarmé ou Valéry.

XI-2 Invocation à Hermès
Michel fait ici allusion à l'insuccès de ses ouvrages politiques (cf. biographie) et se déclare un adepte de l'hermétisme qui va le conduire à l'isolement.

XI-3 Le Faussaire
Ce poème traite du bon usage et des dangers des modèles littéraires -Nerval, Valéry, Mallarmé, Joyce, etc.. dans le cas de Galiana-, qui sont autant de "fantômes et d'ombres qui veillent le poète...lui ouvrant le chemin le plus court" vers la création, mais "dont l'aide est périlleuse" car elle peut mener tout droit au plagiat.

XI-4 Forêt hermétique
Voici le premier poème en vers irréguliers (avec un nombre de pieds impair). Le poète s'adresse-t-il ici à une femme aimée ou à son double hermétique? Cette pièce étant la quatrième du "Triomphe d'Hermès", la réponse ne fait guère de doute...

XI-5 Le nautonier
Encore un dialogue entre le poète et son "jumeau nocturne", l'inspirateur de sa poésie.(Vers à onze pieds)

XII Aragne
Une métaphore bien inhabituelle: le poète qui vit reclus tout en restant conscient de l'agitation du monde qu'il consigne dans ses écrits ressemble à l'araignée qui guette au centre de sa toile.

XIII A Perilous Realm

In the Renaissance English poet Edmund Spenser's homonymous story, Arthur is ever-searching the "Faerie Queene" (Fairy Queen) whom he has seen once in a mysterious dream and who dwells in the "Perilous Realm". The Queen is the mystic expression of beauty and glory; her realm that of the dangers menacing the human being in search of his own meaning.

Several expressions in the present poem remind of stories of the Arthurian Cycle:
-there is a "Perilous Seat" in "Didot-Perceval";
-a "Waste Chapel" in "Meriadeuc".
-In the "Knight of the Lion" by Chrétien de Troyes, spilling water on a fountain sill in a forest causes an awful storm to rise, followed by marvellous warbling of birds.
-The dragons remind of Merlin's prophecies in Geoffrey of Monmouth's books.

The famous escapist Jean-Henri Latude (1725-1805) had sent a box of poison to the Marquise de Pompadour and then informed her of the supposed plot against her life, hoping to be recompensed. The ruse was discovered. He was imprisoned but escaped from jail and was retaken three times. He wrote an account of his imprisonments entitled "Le despotisme dévoilé" (Exposing Despotism) that made him famous and he was pensioned during the Revolution.

XIV Argonaut

In this poem and the four next ones the author apparently gives vent to his distress and bitterness caused by the sale of the family house at the edge of Meudon woods. Henceforth only memory links him to his childhood.
In the 10th line: Michel Galiana invented the word "illimiter", which is the contrary of "to limit".
The first line is a reminiscence of a love song by Goethe, "Mignon's romance".
Philtre and Fleece refer to the myth of Jason and the Argonauts.

XIII Royaume Périlleux

Dans le roman homonyme du poète anglais, Edmond Spenser, Arthur est en quête permanente de la "Reine des Fées" qu'il a aperçue dans un rêve mystérieux et qui séjourne dans le "Royaume Périlleux". La Reine est l'expression mystique de la beauté et de la gloire; son royaume celui des dangers qui menacent l'homme qui cherche la signification de son existence. Des expressions similaires à celles utilisées dans le présent poème, apparaissent dans divers romans du cycle arthurien:
-le "siège périlleux" dans le "Didot Perceval",
-la "gaste chapelle" dans "Mériadeuc".
Dans le "Chevalier au Lion" de Chrétien de Troyes, le fait de verser de l'eau sur le perron d'une fontaine dans la forêt déclenche un orage épouvantable suivi du chant des oiseaux.
Les dragons font penser aux prophéties de Merlin chez Geoffroy de Monmouth.

Jean-Henri Latude (1725-1805) avait envoyé à la Marquise de Pompadour un coffret empoisonné poison, puis l'avait informé qu'on complotait contre elle, dans l'espoir d'une récompense. La ruse fut découverte. Il fut emprisonné mais s'échappa de sa prison puis fut arrêté de nouveau à trois reprises. Il écrivit un récit de ses emprisonnements intitulé "Le despotisme dévoilé" qui le rendit célèbre et une rente lui fut attribuée par la Convention.

XIV Argonaute

Ce poème et les quatre suivants semblent exprimer la détresse morale et l'amertume de l'auteur lors de la vente de la maison familiale en bordure du bois de Meudon. Désormais, seul le souvenir le rattache à son enfance.
Au 10ème vers Michel Galiana a inventé un mot "illimiter", le contraire de "limiter".
Le premier vers est une réminiscence de la "romance de Mignon" de Goethe. Philtre et Toison font allusion au mythe de Jason et des Argonautes.

XV Rising Wind
We are here clearly concerned with the difficult succession settlement of the family inheritance (the "ruler" who "forces gold and mint") and the role of warden of the past which the poet shall play.

XVI Absence
The family house that was on sale was situated at the edge of a forest opposite the Manor of Gaillon

XVII The Waver of Fate
Challenging the gradual vanishing of material tokens of bygone times, the poet, as a reverse goddess of fate, weaves a web to catch the memories of the past.

XVIII The Migrant Bird
Here Michel Galiana names the danger menacing him: Madness could be the sanction of his extreme intellectual attempts.

XIX The Isle
Dream or experience?

XX-1/2/3 The Seemingly Dead Girl
Comment of Anna RUSSEL, British author to Part 3:
"'Double night is consuming your brow'... that is an amazing line. The rest of the poem didn't let me down either. I just wish I spoke French - the original looks beautiful."

XXI The Funeral of Love
The last line sums up the tragic content of this poem. This is not a lament about the beloved one but about the fact that the lover has ceased to love.

XV Le vent qui se lève
Il est ici clairement question de la difficile liquidation de l'héritage familial (le "prince" qui "impose son or") et du rôle de gardien du passé que le poète assumera.

XVI Absence
La maison familiale condamnée à la vente, située en bordure de forêt, faisait face au château de Gaillon

XVII La tisseuse de destin
Alors que disparaissent insensiblement les témoins matériels de ce qui fut et qui n'est plus, le poète, Parque à rebours, tisse une toile où se fixe le souvenir du passé.

XVIII L'oiseau migrateur
Michel Galiana désigne par son nom le danger auquel l'exposent ses recherches aux confins de l'intellect: la démence

XIX L'île
Rêve ou chose vécue?

XX-1/2/3 La fausse morte 1/2/3
Commentaire de Mme Anna RUSSEL, écrivain britannique :
"'Puisqu'une double nuit consomme ton visage'... est un vers bouleversant. Le reste du poème ne cesse de me hanter. J'aimerais parler français: le texte original semble si beau."

XXI Les funérailles de l'amour
Le dernier vers résume le contenu tragique du poème. Ce n'est pas la perte de l'être aimé qu'il déplore, mais celle de l'amour qu'on éprouvait pour lui.

XXII Last Hour
Also the last love poem of the book.

XXIII-1 The Flight which you suspend
Comment of the American poet, Beau Golden:
"A tragic ending to a bird, betrayed by a cats nature and it's own destiny, but also an allegory for lovers of two types, one destroying the other, no doubt! Great!"

XXIII-2 A coat of screams
Comment of a young British poet, Adam REYNOLDS:
"I really enjoyed the lines:
'He climbs up to the top and hopes to recover.
There he sees roofs and fields, recognizes voices.'
There is a continuity of feeling that moves throughout these poems, the tired man in the screaming world."

XXIII-3 His gait is assurance
-"His gait", ""his sleep"...: the translator knows with certainty that the cat whose keen awareness of his surroundings was concealed by apparent placidity and who gave the poet private tuition in Zen philosophy was a big, fat, long-haired grey tomcat, in fact, the same cat who catches a bird in poem XXIII-1.

-"In the dim crucible that the pregnant airs fill,
Where the backgrounds are blind and the boundaries tight..."
Three characteristics of the cat's vision: it does not perceive colours as well as human vision but is excellent for detecting motion, vision limited in depth to the cat's running range, and in width for a better depth perception.

XXII Heure blême
C'est aussi le dernier poème d'amour du recueil

XXIII-1 Le vol que tu suspens
Commentaire du poète américain, Beau Golden:
"La fin tragique d'un oiseau, victime de l'instinct de chasseur d'un chat et de son propre destin, mais en même temps, à n'en pas douter, une allégorie de ces amants fatals dont l'un conduit l'autre à sa perte! Grandiose

XXIII-2 Un hallali de cris
Commentaire d'un jeune poète anglais, Adam REYNOLDS:
"J'aime beaucoup le passage:
'Et gravit la hauteur qui le porte, l'apaise.
Il voit les toits, les champs, il reconnaît des voix.'
Il existe entre ces poèmes (consacrés au chat) une continuité de sentiment, celui de la lassitude au milieu d'un monde de braillards."

XXIII-3 Sa démarche est repos
"His gait", "his sleep"... dans la traduction: le traducteur sait avec certitude que ce chat dont la nonchalance apparente cachait une attention aiguë à son environnement et qui enseignait au poète la philosophie Zen était un grand, gros gras, gris matou à poils longs, celui-là même qui bondit sur un oiseau au poème XXIII-1.

"Au creuset sans couleur où les airs sont épais,
Opaque les lointains, les limites prochaines,..."
Trois caractéristiques de la vision du chat: perception des couleurs bien moindre que chez les humains mais compensée par une très bonne perception du mouvement, vue limitée en profondeur à la distance sur laquelle il peut courir, et sur les côtés pour lui assurer une meilleure perception de la profondeur.

XXIII-4 Whether the night

It is worth while comparing the poet's description with the scientist's description of the cat's night time vision:
"When opening (or dilating), a cat's pupils can dilate much faster than yours or mine. They can also dilate three times larger than yours or mine can. This lets in a lot of light, and is one of the reasons cats have their famous ability so see well in low light...
Another reason for which cats see so well in poor lighting is that they have a special membrane at the back of their eyes. This membrane is called a tapetum, and it acts a little bit like a mirror for light. After light passes into a cat's eyes, it hits the tapetum and is reflected back through the receptors again..."
(Source:http://www.specialcat.com/CatEyesight.htm).

XXIV The Gardener's daughter

The translator supposes that this epic poem alludes to a tragic event which happened in Viroflay, the Paris suburb where Michel lived. A handicapped girl – she was not blind but dumb and feeble-minded-, became pregnant and the father remained unknown. Her father tilled the neighbour's garden.
It could also be a hint at an historical event: the encounter of the parents of the famous Imam Abu Hanifa Ibn Târif (767). His mother was allegorically blind and handicapped.

XXV Night Recovered

A possible interpretation: after a period of depression, Michel set again to writing and the stag is his recovered inspiration. Line 6 expresses "clearly" his decision to be "unclear" and not understandable to prigs.

XXIII-4 Que l'habite la nuit

Il est intéressant de comparer cette description poétique avec une description scientifique de la vision nocturne du chat:
"En s'ouvrant (ou se dilatant), la pupille d'un chat peut s'élargir bien plus vite qu(e) la votre ou la mienne. Elle peut s'élargir trois fois plus que la votre ou la mienne. Cela laisse entrer une grande quantité de lumière et c'est une des raisons de la faculté qu'ont les chats de voir si bien par faible éclairement...
Une autre raison pour laquelle les chats voient si bien dans la pénombre, c'est l(a) membrane qui tapisse le fond de leur oeil. On l'appelle "tapetum" et elle agit sur (la) lumière un peu comme un miroir. Quand la lumière pénètre dans l'oeil du chat, elle se réfléchit sur le tapetum avant d'atteindre les cellules réceptrices..."
(Source:http://www.specialcat.com/CatEyesight.htm)

XXIV La fille du jardinier

Le traducteur suppose que ce poème épique a trait à un événement tragique ayant pour cadre le village de banlieue de Viroflay où habitait Michel. Une infirm(e) -non pas aveugle, mais sourde-muette et faible d'esprit- tomba enceinte de père inconnu. Son père cultivait un terrain appartenant à un voisin.
Ce pourrait aussi être une réminiscence historique: la rencontre des parents de l'Imam Abû Hanifa Ibn Târif (767), dont la mère était frappée d'infirmités allégoriques.

XXV La nuit retrouvée

Une interprétation parmi d'autres: après une période de dépression, Michel se remet à écrire et le cerf est son inspiration. Au vers 6 il fait "clairement" part de son intention d'être "obscur", pour ne pas être compris des pédants.

XXVI Crystal of a Bird

Again, a long concatenation of images and symbols. Apparently they are all connected with poetic inspiration and with the fact that only a poet may completely account for reality…

XXVII Hurqalya

In previous poems Michel mentioned this other-world which controls the visible material world that is only its mirror. Some Islamic schools believe that the "Hidden Imam" (=Messiah?) exists in that realm of archetypal images called "Hurqalya". Certainly an allegory for poetry.

XXVIII Hesperus

Hesperus means personified evening.
In the last line, Michel expresses his boundless love for music. (Verse of eleven feet).
*Michel wrote mostly by night. The strange relationship between **night** and Galianan **poetry** is also the topic of the next six poems.*

XXIX A Look-Out's Song

A definition of poetry

XXX A Star

Another definition of poetry.

XXXI Black Light

Another definition of poetry.

XXXII Song

A dispute of the poet with his nocturnal twin…

XXVI Cristal d'oiseau

Encore une longue suite d'images et de symboles qui, semble-t-il ont toutes un lien avec l'inspiration poétique et l'affirmation que seul le poète est capable de pleinement exprimer la réalité des choses.

XXVII Hurqalya

Dans les poèmes précédents, Michel a déjà fait allusion à cet autre monde qui détermine le monde visible matériel qui n'en est que le reflet. Certaines écoles islamiques considèrent que l'"Imam Caché" (= le Messie?) existe dans ce royaume des images archétypales appelé "Hurqalya". Sans doute une allégorie de la poésie.

XXVIII Hesperus

Hesperus est le soir personnifié.
Dans le dernier vers, Michel Galiana exprime son amour sans bornes de la musique.
Michel écrivait surtout la nuit. Les six poèmes qui suivent expriment la relation étrange qui unit la poésie de Galiana et la nuit.

XXIX Une chanson de guetteur

Une définition de la poésie

XXX Une étoile

Encore une définition de la poésie

XXXI Lumière noire

Encore une définition de la poésie

XXXII Chanson

Dialogue entre le poète et son jumeau nocturne.

XXXIII Hermes Speaks

The title recalls a poem by Paul Valéry titled "Narcissus speaks".

XXXIV Garden under Night sky

In this long poem, the author deftly combines terms pertaining to sounds and music, to taste, to odours, to hues and shapes.
The first part is, like poem I, a "realistic" description of a "real" garden.
The second part refers to a symbolic garden.

Inscription on a stone slab

Comment of the American poet, Charles Chaim WAX:
"a wonderful tale
of struggle
and redemption
the dream of lasting peace
for self and world
a fine poem"

XXXIII Hermès parle
Le titre rappelle celui du poème de Paul Valéry "Narcisse parle".

XXXIV Le jardin sous la nuit
Dans ce long poème, l'auteur se plaît à mélanger les termes évoquant les sons et la musique à ceux appartenant à l'univers des odeurs, des formes et des couleurs.
La première partie est, comme dans le poème N° I, la description "réaliste" d'un "vrai" jardin.
La seconde a trait à un jardin symbolique.

Stèle
Commentaire de Charles Chaïm WAX, poète américain:
"merveilleuse histoire
de combat
et de rédemption
le rêve d'une paix durable
pour soi-même et pour le monde
un beau poème"

Contents

I THE DREAM IN THE ORCHARD

II THE PRINCE *

III POTTER OF STARS

IV THE STOP IN THE MOUNTAINS

V THE GATE

VI THE LOOK-OUT

VII THE HAWK

VIII THE STONE OF WISDOM

IX THE PLEA OF DARKNESS

X GARDENS*

X-1 HESPERIDES

X-2 SPRING MADRIGAL

X-3 HERCULES IN THE GARDEN

X-4 GARDENS *

XI HERMES*

XI-1 THE TRIUMPH OF HERMES

XI-2 CALL ON HERMES *

XI-3 FORGER *

XI-4 HERMETIC FOREST *

XI-5 THE HELMSMAN *

XII UNDER THE SIGN OF THE SPIDER

XIII A PERILOUS REALM

XIV ARGONAUT *

XV RISING WIND *

XVI ABSENCE *

XVII THE WEAVER OF FATE *

XVIII THE MIGRANT BIRD *

XIX THE ISLE

XX THE SEEMINGLY DEAD GIRL

XX-1 FROM THE FEAST OF KISSES *	76
XX-2 SIDE BY SIDE *	80
XX-3 AND SINCE A DOUBLE NIGHT *	84
XXI THE FUNERAL OF LOVE	86
XXII LAST HOUR	90
XXIII CATS	92
XXIII-1 THE FLIGHT WHICH YOU SUSPEND *	92
XXIII-2 A COAT OF SCREAMS *	94
XXIII-3 HIS GAIT IS ASSURANCE *	96
XXIII-4 WETHER THE NIGHT *	98
XXIV THE GARDENER'S DAUGHTER	100
XXV NIGHT RECOVERED	104
XXVI CRYSTAL OF A BIRD	106
XXVII HURQALYA	108
XXVIII HESPERUS	110
XXIX A LOOK-OUT'S SONG	112
XXX A STAR *	114
XXXI BLACK LIGHT	116
XXXII SONG	118
XXXIII HERMES SPEAKS	122
XXXIV GARDEN UNDER NIGHT SKY	124
INSCRIPTION ON A STONE SLAB	132
NOTES	136

www.ingramcontent.com/pod-product-compliance
Lightning Source LLC
LaVergne TN
LVHW041624070426
835507LV00008B/434